DIARIO DE UNA EJECUTIVA EN PARO

Cómo vivir y sobrevivir al paro

Ana Puértolas

DOLCE VITA
EDICIONES B
GRUPO ZETA

1.ª edición: septiembre 1994

Bailén, 84 - 08009 Barcelona (España)

Printed in Spain
ISBN: 84-406-5051-5
Depósito legal: NA. 1.264-1994

Impreso por GraphyCems
Ctra. Estella-Lodosa, km 6
31264 Morentin (Navarra)

Ilustración de cubierta:
Pablo Schugurensky

Realización de cubierta:
Estudio EDICIONES B

DIARIO DE UNA EJECUTIVA EN PARO

Cómo vivir y sobrevivir al paro

Ana Puértolas

Para Ainoha,
que me aguanta el paro
y el trabajo

PRÓLOGO

Lo propio en estos momentos sería contar que me topé casualmente con este diario una noche de viento implacable pasada en un solitario hotel de la costa. Abandonado en el segundo cajón de una destartalada cómoda, para más señas.

O que me lo entregó, mientras disfrutaba de un melancólico paseo por el parque este último otoño, una hermosa y algo decaída dama bajo promesa total de anonimato.

También valdría haberlo recibido por correo certificado y con remite falso, cuidadosamente envuelto en un suave papel manila e introducido después en un sobre discretamente acolchado.

Pero no.

Las cosas en realidad han sido mucho menos literarias, bastante más sencillas, e infinitamente más fatigosas. El diario en cuestión lo he escrito yo misma de cabo a rabo y eso ha significado cinco meses de penalidades delante del ordenador, presionada por las fechas impuestas en mi contrato.

La cosa empezó con una simple llamada de teléfono.

—Ana, que ya me he enterado, ¿cómo te encuentras?

Era la editora de mi anterior libro *Viajad, viajad malditos*. Y de lo que se había enterado era de que había cerrado la revista de decoración que yo llevaba dirigiendo desde hacía unos años.

—Pues mal, muy mal, ¿cómo quieres que esté? Hecha polvo, sin reaccionar todavía, alelada, sin saber qué hacer ni por dónde empezar. Pero, en fin, de nada vale lamentarse. Oye, que muchas gracias por llamar; de verdad te lo agradezco.

—Nada, hija, no faltaba más. Por cierto, como ahora tendrás más tiempo, pues a ver si se te ocurre una buena idea y escribes otro libro. Así, de paso, tendrás algo que hacer.

—¡Pero mujer! —protesté débilmente—, si es que ahora no puedo hacer nada, que tengo la mente en blanco, que lo único que me viene a la cabeza es toda esta historia de mi paro. Fíjate, con lo contenta que estaba yo con la revista y ahora de golpe, así, el cerrojazo. Y yo a la calle. ¿Cómo quieres que piense en otra cosa?

—Pues eso —me replicó ella sin amilanarse—, piensa en eso. En realidad es una idea estupenda.

¿Una idea estupenda? ¿Qué perversidad había insinuado mi insistente editora? Me quedé callada unos instantes, falta ya de recursos, y decidí directamente darle el esquinazo.

—Bueno, te prometo que lo pensaré. A finales de mes me voy unos días de vacaciones, que necesito cambiar de aires urgentemente. A la vuelta te llamo. Y muchísimas gracias otra vez.

No la llamé, pero lo hizo ella hasta arrancarme a fuerza de machaconería mi palabra formal, una fecha fija de entrega y la firma para el dichoso contrato.

«¡A eso se llama sacarle partido a la desgracia!», me comentó aviesamente una amiga cuando se enteró de mi encargo. Pues sí, la verdad, tenía más razón que un santo, pues jamás de los jamases me hubiera yo comprometido a escribir sobre tamaño disparate si no estuviera viviendo la situación en mis propias carnes. A fin de cuentas, mejor ponerse delante del ordenador que estar mano sobre mano, me consolé en un ataque de mezquina autoconmiseración.

Y así salió adelante el diario de la ejecutiva Isabel Mata, confiada directora de una hipotética revista de viajes que se ve de un día para otro en la mismísima calle.

Poco tiene ella que ver conmigo, como tampoco los personajes que se mezclan en su vida han aparecido en la mía. Sin embargo, su desolación, su impotencia, su cólera, su aturdimiento, sus iras, son sentimientos que todos los parados —directoras y botones, redactores, recepcionistas, maquetistas, camareros, albañiles o barrenderos— hemos conocido de cerca. Y los que aún no han conocido los pasillos del INEM que no canten victoria: los conocerán pronto, que el paro universal no ha hecho más que empezar.

Lo mío no es más que el primer aviso.

PRIMERA SEMANA

1

LA DESGRACIA

No han cerrado la revista, no he hablado con José Antonio, no me he atiborrado de pollo con salsa agridulce, no estoy borracha perdida ni tengo el cerebro relleno de algodón.

Es todo una pesadilla.

Pero no. No debe serlo. Todo ha sido verdad, que me doy un pellizco en el brazo y, aunque poco, algo siento.

Sin embargo, la cabeza me da vueltas sin rumbo fijo, imposible sujetarla, igual que en los sueños. Lo peor es que sale disparada y no hay manera de fijar la atención ni de concentrarse en nada. A veces en las pesadillas también me doy un pellizco y a pesar de todo no me despierto, y pienso que no es un sueño, y luego todo se acaba, abro los ojos y aparezco en mi cuarto y es un día como todos los demás.

Lo que está claro es que estoy escribiendo en este cuaderno, y la cosa da mala espina, ya que en los sueños una no se pone a escribir lo que le pasa, que eso nunca ocurre. Yo antes no había escrito un diario, nunca lo he hecho hasta hoy, así que muy bien puede ser una pesadilla. Y aunque el cuaderno me lo compré yo misma en París, me acuerdo muy bien, y lo he tenido guardado en el cajón de mi mesa durante años, eso no quiere decir nada, muchas veces en los sueños aparecen cosas de la vida real, según he podido notar, y siempre me resulta algo extraño.

Y también al revés, una vez me pasé todo el día buscando unas horquillas de concha muy finitas, preciosas, que no sabía dónde demonios las había puesto y luego acabé comprendiendo que no, que lo había soñado, que yo nunca había tenido esas horquillas; me hubiera gustado tenerlas, pero no las tenía. Incluso las fui a buscar a un montón de sitios, pero no existían tal como en mi sueño y de la rabia que me entró no me compré ninguna.

Además, si todo fuera verdad, si las cosas que han ocurrido hubieran pasado realmente, no me encontraría así, estaría fuera de mí, como una loca, horrorizada. Y no, aquí estoy, tan tranquila, escribiendo en mi cuaderno de papel reciclado, que algún día tenía que estrenar. Aunque bien mirado si escribo es por eso, por todo lo que ha ocurrido, pues de otro modo no estaría yo aquí rotulador en ristre, pero tan chocante situación ni quita ni pone para que todo sea una pesadilla. Bien puede ser que la decisión de hacer un diario la haya tomado durmiendo, como durmiendo puedo estar ahora, puesto que cosas más raras se han visto.

Me han cerrado la revista, estoy en la calle, tengo una borrachera de mil pares de demonios, y esto no es ninguna pesadilla. José Antonio, sin la más mínima duda, es un real y verdadero canalla, de carne y hueso.

Me acabo de dar cuenta. He tenido que interrumpir bruscamente la escritura con unos retortijones en las tripas que amenazaban la integridad de mis intestinos. Diarrea, estoy con diarrea, y eso no falla. No conozco ningún sueño en el que haya tenido diarrea. Vértigo sí, terror a espuertas, parálisis, angustia, hasta dolor de estómago.

Pero nada de salir como loca al cuarto de baño, como acabo de hacer yo. Se acabó todo. Me he quedado sin trabajo y aquí estoy, escribiendo en el cuaderno que me compré en París. Poco podía haber sospechado yo que le daría este uso. De papel reciclado, que me costó un riñón, para que me ayude a tranquilizarme.

Aunque tranquila estoy, lo único que me pasa es que estoy empapuzada de vino blanco y no doy pie con bolo. Pero escribir voy a escribir. Todos los días. Tengo que tener la cabeza despejada, bien despierta, y contarlo todo bien clarito, sólo para mí misma, que, si no, luego lo voy largando por ahí, y a ver quién aguanta hoy a una parada deshecha en llanto, pues aunque tenga la cabeza embotada me doy cuenta. Lo principal es tenerlo claro desde el primer día, que bastante de improviso me han cogido.

De llorar nada. Y de beber menos, que por mucho que escriba, que racionalice, que piense, si le doy al maldito vino blanco como hoy he hecho no hay nada que hacer y me viene la vomitona. De quejarse ni hablar, que me van a dar con la puerta en las narices.

Lo más importante ahora es negociar con José Antonio, tengo que ser práctica y arreglar lo de mi indemnización. Es lo primero que me ha dicho Miguel, en estos momentos mucha calma, Isabel, y no aceptes lo primero que te ofrezcan, que tenemos tiempo. Tiempo tengo todo el del mundo, en esto no le falta razón, ni un solo plan a la vista, ni un compromiso, porque yo no pensaba dejar la revista, ha sido ella la que me ha dejado a mí. Eso tampoco. José Antonio, el muy hijo de perra, ha sido el que nos ha plantado a las dos, a la revista y a mí, tiradas nos ha dejado, en la estacada, por inútiles, por inservibles, el muy cochino. Así que mañana y pasado y al otro, y todos los días tengo, me sobran de tantos que hay por delante y yo sin nada que hacer.

Ante todo, tranquilidad, que los nervios no llevan a

ningún sitio. Llevar sí que llevan, pero siempre a lo peor, así que de eso nada. Para algo está este diario. Pero, hablando en plata, ha sido una cerdada. Sin nervios, con mucha calma, pues guarros lo son a conciencia. Decírmelo así, de sopetón, sin previo aviso, sin una preparación. Esto se ha acabado. Una marranada. Además un lunes, cuando más confiada estás, los lunes vas al trabajo un poco sonada, sin acordarte ya muy bien de qué van las cosas, no tiene perdón del cielo.

A lo mejor la situación no es tan grave. Quizá mañana José Antonio tenga una explicación, fueron mis nervios, me dirá, ya sabes, últimamente las cosas no marchan bien y me jugaron una mala pasada, pero de lo dicho nada, que aquí aguantamos como leones. Tiene que ser eso, los nervios, no los míos sino los suyos, los de José Antonio. Miguel es un precipitado y con esa manía de ser tan eficaz da las cosas por hechas cuando no están ni medio claras. Me lo estaba esperando, me ha comentado inmediatamente haciéndose el listillo, esos jefes tuyos no tienen ni pizca de solidez, y se necesitan muchas narices y un montón de dinero para resistir en estos tiempos. Pues se equivoca de cabo a rabo, ya que es un maldito gafe y no sé ni por qué le he llamado a todo correr a contárselo. Mi empresa aguanta lo que le echen, ¡no faltaba más!, y mi revista sigue, claro que sigue. Y en el caso de que no siguiera, que todo puede pasar —en realidad la cara de José Antonio esta mañana era patética—, pues eso, si la cierran, a mí me buscan otra cosa en cualquier publicación, llevo más de diez años con ellos, y eso siempre lo tendrán en cuenta.

No sólo borracha, desquiciada estoy, la cabeza en las nubes: ¡y ahora no se me ocurre pensar más que todo ha sido una broma! De eso nada, que lo he oído bien claro, todo el mundo a la calle, y yo estaba incluida en el lote. Por mucha cerdada que sea, que lo es, no deja de ser una realidad como la copa de un pino, y nada de nervios, puesto que José Antonio estaba la mar de tranquilo, la única que se ha puesto histérica he sido yo, con ese ataque cafeinómano que me ha entrado y esa manía por Conchi. Pero así, obligándome a escribir tomo conciencia de ello; de lo contrario, a lo mejor me acabo convenciendo de que todo es mentira y mañana me presento tan fresca a trabajar, sólo con la resaca, eso sí, una resaca no me la quita a mí nadie, con lo sensible que tengo el hígado, pero tan confiada, que tonta lo soy un rato largo. Porque lo raro es esto, que pueda seguir aquí, sentada en mi habitación como si fuera un lunes cualquiera. Como un lunes cualquiera no, ya que no estaría escribiendo este diario, porque los diarios siempre me han parecido ridículos y me compré el cuaderno porque sí, porque me encapriché, no porque quisiera contar mi vida, que a nadie le importa. Pero debería estar tirándome de los pelos, o sollozando como una magdalena y no dale que te pego con el rotulador. Me he quedado sin trabajo, así de repente, aunque a todo el mundo que despiden le pasa lo mismo, que le coge de sorpresa, de un día para otro, en el peor momento, no hay momento bueno para esto.

Pero lo mío ha sido brutal, no se puede ir al despacho una mañana tan contenta y que te digan que no vuelvas, que lo que hacías hasta ahora no les daba un duro, peor aun todavía, que por tu dichosa culpa hemos perdido una pasta. No es que me lo hayan dicho de esta manera, pero algo me ha insinuado José Antonio. No, yo no me voy así como así, aún nos tenemos que ver las caras. Después de diez años, me resulta difícil de creer, pero sí, a la calle, eso es lo que pasa, de pesadilla nada, es lunes por la noche, me duele el estómago, tengo una trompa de consideración, una diarrea galopante, y lo único sensato que puedo hacer es depositar esta ruina en la cama.

A los niños no les he dicho ni mú, ¿qué les voy a decir?, si cuando entré en casa no sabía ni lo que me hacía, si he llegado con la cabeza hecha un tiovivo. Lo único que he podido hacer es explicar que no me encontraba bien, y aquí sigo, encerrada entre mis paredes, de las que no me va a echar nadie. Eso voy a hacer, me atrincheraré aquí, y ni Miguel ni nadie, y mucho menos José Antonio, me va a arrancar de mi habitación. Bien encerrada, ni despido ni indemnización ni nada de nada. Y mañana a trabajar, que para eso es martes.

2

NOSOTROS

Lo que son las cosas, la primera en quien pensé fue en Conchi. Me dije, en cuanto se entere se tira por la ventana, en la calle justo al día siguiente de comprarse el piso y firmar el crédito. Y me puse a hacer cálculos de intereses y plazos como una posesa, mientras miraba fijo a José Antonio y hacía como que le escuchaba.

Si lo pienso bien, me enteré de poquísimo. Eso sí, lo suficiente. Porque bestia lo fue a conciencia, el muy salvaje. Será mejor que no me ande con rodeos, Isabel, nos conocemos de sobra, me dijo nada más llamarme a su despacho. Pero no, no nos conocemos tanto, sólo del trabajo, diez años son muchos, pero yo nunca he entrado ni salido en su vida.

Lo curioso fue que la conversación duró una media hora, y a mí se me hizo eterna, cuando lo gordo, lo realmente serio, el desastre, me lo comunicó en menos de un segundo. Tiempo justo de decir: hemos decidido cerrar la revista. Lo dijo así, directo, todo seguido, sin más preámbulos que esa tontada del conocimiento mutuo. El resto fue ya paja, consideraciones de todo tipo, disculpas a mogollón, puro relleno. Si hubiera dicho algo importante, quizás hubiera prestado más atención, pero no, la cabeza se me iba como loca, y sólo podía pensar en Conchi, en la cara que iba a poner, en sus llantos, en su desolación, en su angustia.

En mí nada, que también tengo el muerto de la casa de la playa, unos créditos todos los meses como castillos, pero ahora me niego a pensar en ello, igual que entonces, ni se me pasó por la cabeza lo de mi casa, ni lo de quedarme en la calle ni nada.

Y eso es lo raro del caso, porque si lo pienso, en el fondo tampoco me importa tanto lo de Conchi. Me importa, claro, que le he cogido mucho cariño, han sido cinco años conmigo, y trabaja de maravilla, pero al fin y al cabo es su problema y tiene su marido y su propia familia para que se preocupen por ella y con más razón que yo, que no sé cómo puedo ayudarla, bastante tengo con lo mío.

El problema es la cabeza, que nunca se sabe cómo va a reaccionar en una ocasión como ésta. Había ido yo a la revista como un día cualquiera, como siempre no, que era lunes, y siempre es otra cosa, pero como otros lunes de los muchos que he ido, es decir, con algo de pereza, y al mismo tiempo con ganas de cogerle de nuevo el tranquillo. Y nada más llegar, la primera en la frente, en todo el hígado diría yo, un golpe bajo que me cogió desprevenida. Y resulta que a mí me dio por esas, por darle vueltas a lo de Conchi, y no lo hacía por bondad, por desprendimiento. Cuando fui consciente de lo sucedido no me tenía en pie de puro terror, temiendo no volver a encontrar un trabajo como éste en mi vida, con los años que llevo a cuestas, por eso precisamente.

En cambio a Conchi la cogen seguro, tiene una edad envidiable y un montón de experiencia, y sirve para todo un poco, lo mismo escribe un reportaje que organiza una producción fotográfica o se quita de encima una docena de entradillas, que vale un montón.

No, lo mío no fue por buena, sino por eso, por no pensar en lo mío; la cabeza tiene cosas así de raras. Y por la alevosía, que era lo que menos podía esperarme.

Lo que más me molesta es que no me enteré ni torta de lo que me dijo José Antonio. Porque algo debió de decirme tanto rato que me tuvo cara a cara. De lo de la media hora sí que estoy segura, porque yo entré en su despacho a las diez, momento en que miré el reloj porque tenía media hora después una cita con Gálvez, que se iba a Australia, para planificar los reportajes, y me dije, menudas horas de llamarme el señorito, y encima, porque soy más simple que un culo de vaso, le avisé al entrar, date prisa que me esperan dentro de media hora.

A lo mejor me lo soltó todo así, de sopetón, porque yo le hablé de que tenía poco tiempo. Pero no, es una estupidez de tomo y lomo, porque en cuanto me largó aquello dejé ya de tener prisas y se me olvidó lo de Australia, quedándome como ausente y dándole vueltas a lo del crédito de Conchi sin escuchar más. Y eso es lo que ahora pienso, que quizá me perdí algo importante, pero no puedo estar segura. Existe una posibilidad de que me ofreciera otra cosa en la casa y yo no me enterara, venga a pensar en el dichoso piso de esa chica, no comprendo cómo me dio por ahí.

De lo contrario le mato, que es lo único que siento ahora que empiezo a darme cuenta de lo que me han hecho, le rajo en canal, lo pongo a secar al viento serrano, como a los cerdos. De haberme ofrecido algo, me habría llamado esta mañana. Y hacerlo lo ha hecho, pero para fijar los plazos de mi marcha. Hoy yo estaba más entera, o mucho más rota, pero a lo que iba, me daba más cuenta de las cosas, no como ayer, que me cogió por sorpresa y así me quedé, perfectamente lela.

No, de eso no dijo ni pío, ganas tenía yo, que aún no me lo creo. Digámoslo claro, esa cerdada no me la esperaba ni de lejos. Se cierra la revista, me dijo, y continuó de una tirada, lo siento muchísimo, pero en esta situación de crisis no podemos permitirnos el lujo de absorber a nadie en otras publicaciones, así que tendremos que prescindir absolutamente de todos. Así de claro lo dejó todo, para que ahora yo venga con dudas.

Fue justo en aquel momento cuando Conchi se me metió entre ceja y ceja y empecé a no enterarme de nada. Eso sí, me di claramente cuenta de que yo estaba incluida en el lote del personal prescindible, pero fue como si oyera llover, lo cual es raro, con lo grave que es la cosa. En vez de pensar en mis hijos, que hubiera sido lo normal, lo más lógico, o en qué voy a hacer ahora, o en calcular mi indemnización, o cosas por el estilo.

Luego todo fue una vorágine, un vértigo. Ignoro cómo pero me encontré con el de Australia, que estaba esperándome en el pasillo, y le pedí disculpas por mi retraso. No sé dónde tenía yo la cabeza para andar haciéndome perdonar sin razón alguna. Desde luego, lo de los reportajes me importaba un comino, pero me entró una gran congoja de ver al pobre chico, que no sabía nada, tan terriblemente inoportuno. Luego llamé a Sagrario para que se inventara una disculpa y se la trasmitiera de la mejor forma posible. ¿Qué te pasa?, me preguntó en cuanto apareció por la puerta. ¿Qué me pasa de qué?, le contesté yo aguantando el tipo. Tienes una cara malísima, insistió ella mirándome fijamente a los ojos. Nada, resuelve por favor lo de Gálvez, que yo voy a tomarme un café.

Y me fui hasta la máquina, porque de pronto me entraron unas ganas irresistibles de tomar café, como un antojo de esos del embarazo, algo fuertísimo, y si no me tomaba un café de forma inmediata me parecía que iba a empezar a lanzar gritos de un momento a otro. Me lo bebí de un trago. Estaba tan repugnante como siempre, parece que echen veneno en vez de café instantáneo en esas máquinas infernales.

Noté el pinchazo en el estómago a los pocos segundos, pero volví al despacho a buscar un pitillo entre mis papeles; debía de haber alguno olvidado de cuando fumaba, y hoy tenía bula para todo; lo de Conchi empezaba a salir de mi cabeza y comenzaba lo peor, el darme cuenta de todo.

Con el pitillo encendido entré en la redacción. Algo de mi mala cara debía de haber comentado Sagrario, o quizá fuera lo de mi despedida precipitada al de Australia, el caso es que cuando abrí la puerta se hizo un silencio de muerte. Parece que las cosas malas todo el mundo las huele a distancia, menos yo, que debo tener el olfato atrofiado, que había entrado tan contenta hacía sólo unos instantes en el despacho de José Antonio, lo cual demuestra que el instinto es poco de fiar. Os tengo que dar una espantosa noticia, largué nada más sentarme en la primera silla que pillé a mano, nos cierran la revista. ¿Por qué?, oí rugir desde un rincón. Pues porque sí, porque les da la gana, porque es suya, ¿es que no os habíais enterado?, contesté yo de corrido. ¿Pero no iban mejor las ventas ahora?, soltó alguien desde su mesa. Pues sí, ¿y qué?, pero la publicidad estaba yendo fatal. ¿Y cuándo te lo han dicho?, insistió otra voz. Ahora, ahora mismo, hace sólo unos minutos, luego vendrá José Antonio a comunicarlo a todo el mundo, pero he preferido decíroslo yo primero.

De pronto me entró una serenidad aplastante, y hablaba como si el cierre y la revista fueran cosas que no tuvieran nada que ver conmigo: sólo la feroz actividad del maldito café en mi estómago me recordaba que la situación no era la mejor de este mundo. La gente me miraba despavorida, sin creer nada de lo que les estaba diciendo. Y sin atreverse a hacer una pregunta más.

En ese justo momento Conchi se puso a llorar violentamente.

¿Y qué va a pasar con nosotros?, dijo tan bajito que

apenas logré oírla. Pues a la calle, eso es lo que va a pasar, que nos vamos a la calle, seguí yo en plan tremendista, dispuesta yo misma a enterarme de lo que estaba ocurriendo. Lo terrible era el silencio, el estupor de todas aquellas caras, la incredulidad absoluta de todo el mundo. Así debo estar yo, pensé, con la misma cara atónita. Me daba exactamente igual. Me importaba un pimiento mi aspecto desmadejado, mi segura expresión de pasmo. Me importaban absolutamente un comino los créditos de Conchi, su piso sin pagar, la guardería de su hija.

En realidad no me importaba nada de nada.

Exactamente igual que si me hubiera pasado por encima una apisonadora y me hubiera dejado muerta. Creo recordar que me di un pellizco en el brazo izquierdo disimuladamente y que apenas me dolió. No sé qué me ha dado con todo esto, los pellizcos parece que se los dé yo al vecino del quinto y yo ni me entero. ¿Cómo me voy a enterar? La revista, el trabajo, las mesas, los papeles, los archivos, nosotros, todo directamente a la mierda. Recuerdo también vagamente que me levanté y me fui sin más a mi despacho con la intensa sensación de salir huyendo.

Inútil. A los cinco minutos se presentó Sagrario. Nos vamos todos a comer. ¿A comer? ¿Ahora?, la miré pensando que había perdido el juicio. No mujer, a las dos, pero hemos reservado mesa para todos, ¿vendrás, no? Sí, claro, le contesté sin pensarlo mucho.

A comer. Sigo sin entender cómo podían esos desustanciados pensar en comer después de semejante sofocón. Porque se necesita tener poco fundamento para organizar así, hale, una comida, para celebrarlo. Menuda ocurrencia más macabra. A mí me había dado por pensar en Conchi, lo cual resulta más comprensible, que estaba preocupada por cómo se lo tomaría, después de años pensando en comprarse el piso y, justo cuando se decide, la echan a la calle. Y lo del café también tiene sus razones, necesitaba subirme un poco los ánimos, me había quedado anonadada, no tenía fuerzas ni para abrir la boca. Pero lo de la comida me pareció una pasada. Un velatorio, un funeral iba a resultar aquello.

Y no me equivoqué. Porque la comida se hizo, lo habían ya decidido. Absolutamente desencajados, allí nos dirigimos todos después de pasar por el trago de la reunión con José Antonio, quien nos dijo que tranquilos, que todo se iba a llevar de la mejor manera posible, que habíamos hecho lo que habíamos podido, que la crisis y todo eso. Nadie dijo una palabra. Los seis como muertos, en realidad somos habas contadas al lado de esas cifras tan espantosas que se leen por ahí, pero estábamos al completo, Lola, Conchi, Nieves, Marisa, Rafa, Sagrario y yo.

No entiendo nada, me insistía Lola mientras bajábamos las escaleras, como si yo fuera una entendida en cierres. Justo ahora que íbamos tan bien, que estábamos tan contentos, que parecía que no había ningún problema, repetía machaconamente. Ya ves, dije yo, que a esas alturas no podía comprender por qué a todo el mundo no se le ocurría más que memeces. Como para decirle al señorito que no nos cerrara la revista porque nosotros estábamos tan contentos. De risa se iba a morir el muy condenado.

Conchi iba la primera, dirigiendo el grupo. Está muy cerca, nos avisó, podemos ir andando. Pero fue Sagrario la que tomó las riendas nada más llegar al restaurante. Un par de botellas de vino. Blanco, Viña Esmeralda, dijo muy segura ante mi perplejidad. Nunca pensé que Sagrario tuviera aquellas dotes de mando, pero debo reconocer que estuvo espléndida. Nos organizó un menú a gusto de todos y se hizo cargo de la situación sin titubear lo más mínimo. Su eficacia me hizo sentirme más tranquila en medio de aquella situación abiertamente caótica. Allí estábamos todos los damnificados reunidos en torno a una mesa como si no tuviéramos otra cosa mejor que hacer que empezar a devorar como lobos hambrientos. Porque nos lanzamos a la comida como desesperados. Con más furia aún a las botellas de blanco.

Aquello era un auténtico disparate. Pero ¿por qué?, seguía repitiendo Lola, que parecía que no sabía decir otra cosa. Con lo lista que es ella para todo, y ahora venga de darle a lo mismo, no entiendo cómo se les ha ocurrido, esto no puede ser. Conchi se metió entre pecho y espalda medio litro de vino de un solo trago y se empeñó en convencernos a todos de que, ya veréis, seguro que no nos va a pasar nada, que nos meten en otras publicaciones de la empresa, que no os preocupéis, que estamos algo nerviosos. Una barbaridad. Marisa parecía la más serena, pero se había quedado repentinamente muda, descontrolada como era a veces. No sé de quién salió la idea de la dichosa comida, pero realmente no podía haber sido más funesta.

Me di cuenta en cuanto me lo dijo Sagrario, pero me pareció mal negarme. Y estaba teniendo mi castigo. Perderles de vista, eso es lo que más deseaba en el mundo. Huir a toda pastilla. Desaparecer del globo. Pues no, había que comer todos juntos, beber comunitariamente, lamentarse y llorar en comandita. Y había que escuchar a la desvariada de Conchi repetir una y otra vez que tranquilos, que la empresa nos iba a encontrar un estupendo acomodo, mientras los otros se reían estúpidamente al tiempo que dejaban los platos limpios como patenas. Parecía que no habían comido en dos semanas. Locos, estaban locos como cabras los cinco. No entiendo cómo habían logrado pasar por gente normal hasta ahora. Así estábamos todos en la calle. Por enajenación colectiva, nos lo teníamos bien ganado.

Llegué a casa derrotada. Despedida, agotada, repleta de vino, con la sensación de que el día entero había sido un mal sueño. Escribí lo que escribí, no quiero ni leerlo, y me metí en la cama. Hasta hoy al mediodía no he querido hablar con los niños. Después de aclarar con José Antonio el asunto de mi indemnización, que no me ha dicho que no a nada y me quedo un mes más para arreglar todos los asuntos. Con Sagrario, que necesito a mi secretaria. Ella se queda conmigo. Y a la pelma de Conchi que se la trague la tierra con su maldito piso y sus créditos a cuestas.

3

ELLOS

Iban a por mí. Seguro. Si hubiera estado más despierta me habría dado cuenta enseguida. Porque lo del cierre de la revista ha sido una vil excusa. Si no, no se explican tantas prisas, la puñalada por la espalda. Tampoco esas facilidades a la hora de negociar, porque el puente ha sido de oro del bueno. Yo sabía de sobra que un día tenía que pasar, y así ha sido. Una inútil, una perfecta incompetente, por mucho que tratara de disimularlo las cosas estaban claras. Se han dado cuenta de pronto y han tirado por la calle de en medio. Caiga quien caiga.

De otro modo sería incomprensible. Diez años, diez larguísimos años con todos sus meses llevaba con ellos, aunque se hayan pasado como un soplo, y siempre tan sonrientes, Isabel tú eres de la casa, Isabel tú eres de los nuestros. Y yo tan contenta, que si Félix para acá, que si José Antonio para allá. Que te tengo que consultar una cosa, a ver cuándo te puedo ir a ver, le llamaba al señorito con la mayor confianza. Y él me la daba, puesto que yo había empezado en la revista desde abajo. Bueno, desde abajo del todo no, pero de bastante abajo. Al menos lo suficiente. Y entraba por todos los pisos como Pedro por su casa. Hola, buenas, decía a los de la entrada, y todos me saludaban, desde el conserje hasta la niña de la recepción. Y ahora esto, no me atrevo ni a mirar a nadie, se me cae la cara de puro bochorno, por inútil, me han tirado como un trapo roto, eso es lo que soy, la vergüenza me corroe por todos los poros.

Pero ¿qué digo? ¡Es a ellos a quienes se les debería caer la cara a trozos de puro sonrojo por lo que me han hecho! Porque, vamos a ver, ¿por qué demonios no ha funcionado la revista? ¿Acaso se ha vuelto repugnante de un día para otro? ¿Es que no estaba cada día más lucida, más esplendorosa? Estaba, ¡claro que estaba! Una maravilla, eso es lo que es mi revista. Por mi trabajo no ha sido, de eso estoy segura, pues me estrujaba el seso todos los días pensando nuevas secciones, imaginando nuevos temas. ¡Y las panzadas de ver fotos que llevo a cuestas! Porque lo que es horas no he escatimado ninguna, ni esfuerzos, ni imaginación, ni nada de nada. Y ahora vienen ellos a decirme que se acabó lo que se daba, que mi trabajo ha sido en vano, que de patitas en la calle porque no pueden aguantar más.

¡Cómo si ellos tuvieran que aguantar algo! ¿Es que van a cobrar menos este mes por mi maldita culpa? ¿Acaso José Antonio va a tener que empeñar su ridículo Rólex de oro para pagar el colegio de sus adoradas niñas?

Unos canallas y unos mentirosos es lo que son, aquí la única que ha aguantado hasta ahora he sido yo. Que si la revista no va muy bien y tu sueldo se queda como está, que si tienes que ahorrar en colaboradores y a ver si te escribes un reportaje por número, que los gastos no hacen más que subir, que tienes que reducir personal de redacción, que las cosas se están poniendo muy feas. Yo tragando y venga a tragar, pensando que me lo iban a agradecer, que lo que es imbécil lo soy hasta el mismísimo tuétano. No os preocupéis, buscaré una solución. Tranquilos, yo lo resolveré.

¡Cómo si ellos tuvieran un momento de inquietud, un instante tan sólo de insomnio por la suerte de la revista! Tan panchos, se han quedado tan panchos, mientras yo me ponía lívida y mis manos temblaban. He tenido que disimular haciendo como que jugaba con el rotulador, malditas las ganas que tenía yo de jugar con nada, y encima me he puesto perdida de esa tinta roja, que he estado media hora frotándome en el lavabo.

Por dinero no vamos a discutir, no te inquietes, me han dicho los muy tortuosos, como si no fuera por dinero todo lo que ha ocurrido. Ahora bien, se hacen los disimulados y a última hora encima quieren quedar como reyes.

Porque en el fondo lo tienen claro. La culpa no ha sido mía, de eso estoy convencida. Y ellos también, aunque no lo reconozcan, aunque lo nieguen, aunque intenten machacarme. Cerrar la revista es llamarme fracasada, se mire por donde se mire.

Y no se trata ahora de recurrir a la crisis, pues resulta una solución muy fácil echarle toda la culpa a la crisis como si fuera una persona de carne y hueso, cuando no es nada más que una gran desgracia, una situación lamentable, pero nadie concreto al fin y al cabo. Es simplemente que se hunde todo, se acabó, ya no existe el suelo donde se pisaba antes tan ricamente. Y eso no surge de un día para otro. En cualquier caso alguien tiene que cargar con la responsabilidad de que surja. Pero la crisis es inocente, como digo es nada más que el resultado, encima parece que son tontos, o se piensan que la subnormal soy yo. Y eso no. Eso sí que no lo paso. Lo mío ha podido ser un fiasco, no es que no lo haya pensado yo antes que ellos, pues mucho aparentar y en el fondo una insegura, mucho hacerme la dispuesta y nada, unas ganas espantosas de abandonarlo todo y dejarlo colgado.

Pero retrasada mental, no, que siempre me he dado cuenta de las cosas.

Si antes había publicidad en la revista y ahora hay mucha menos, alguien será el pecador, digo yo, puesto que las cosas no ocurren porque sí. Que la revista estaba no sólo tan preciosa como antes, sino incluso mucho mejor, y no habíamos perdido un solo lector, lo pude comprobar en la última Audiencia General de Medios. Muy al contrario, estábamos subiendo, el pecado no estaba en la revista entonces. Porque, que yo sepa, no me dedico a buscar publicidad, ni soy la encargada de la promoción, esas personas tienen nombre y apellidos y allí siguen como si nada, y ni moco me han dicho de ellas, los únicos que pagamos el pato somos los de la redacción.

En cualquier caso la redacción no ha provocado la crisis, lo único que hacíamos nosotros era maquetar la revista y elegir los artículos, editarlos y poner los títulos y las entradillas y corregirlo todo. Pero de la crisis nada sabemos, únicamente que nos ha caído encima, y de sólo pensarlo me pongo enferma. En realidad los responsables son ellos, que lo sabían todo y se han quedado tan tranquilos, como si nada, ¡hala!, que nos aplaste el desastre, que se cierre la revista, todos a la calle, y nosotros a tomar unas copas y a hacer unas risas. Parece que esos desustanciados de mierda lo arreglan todo en el bar de la esquina.

Y sin decirme nada, sin previo aviso, todavía no comprendo cómo se han atrevido. Pero lo han hecho con la mayor naturalidad. No sabes cuánto lo siento Isabel, me dijo el muy hipócrita, cuando de sentirlo nada, no había más que verle la cara que tenía, igualita a la de siempre. Y yo encima voy y le digo, bueno qué le vamos a hacer, no entiendo cómo me salió esa frase tan estúpida justo en un momento tan grave. Tenía que haberle mandado directamente a la mierda, o decirle que se apartara de mi vista, que no podía aguantar ni un instante más sus ojos de cordero degollado, o haberme levantado muy digna y largarme sin más.

Cualquier cosa antes que esa ridiculez de bueno, qué le vamos hacer. Encima parece que le estoy disculpando, y es que no puedo entender cómo soy tan remilgada, tantos años de monjas me han dejado lela y no me atrevo siquiera a sacarle la lengua, que es lo que más me hubiera apetecido, sacarle la lengua y volcarle encima toda la mesa absolutamente repleta de papeles, y con ese Cobi de bronce que pesa una tonelada, a ver si le dejaba paralítico y lo sentía entonces de verdad.

La culpa fue de Conchi, que se me metió en la cabeza y no había manera de sacármela de ahí. Porque me quedé callada como muerta. Y sorda, todos los sentidos me abandonaron, no hay derecho.

Voy a tomarme un café, es lo que le dije, queriendo hacerme la señora cuando de señora nada, estaba totalmente derrotada y me faltaba el aire, todo el despacho daba vueltas en torno a mí como una noria y pensé que me iba a desplomar de la impresión. Ahora eso sí, las buenas formas por encima de todo. Muy digna. Hecha unos zorros pero con la cabeza muy alta. ¿Un café?, me dijo asombrado. Sí, un café, a ver si me repongo del susto, le contesté con una sonrisa de conejo que apestaba a clases de buenos modales. Esto es lo que me ha hundido en la vida, tanta tontería por aguantar el tipo y no soltarle cuatro frescas a nadie.

Porque lo de reducir personal, pase, parecía que había sus razones, y lo de que escribiera un reportaje fijo, después de todo era comprensible, ya que había que eliminar gastos. Pero esto ha sido demasiado. Y además, para qué diablos tanta ida y venida: Isabel tenemos que pensar cómo mantener la revista, Isabel piensa soluciones, cuando ellos lo tenían tan claro. Cerrojazo y paso atrás. Me ha pasado por tragar, sólo a los idiotas les pasa lo que a mí. El que traga una las traga todas. Isabel venga apretar los costes, venga a ampliar los horarios. Isabel a la calle. Porque voy a la maldita calle, aunque el muy ladino no haya mencionado esa fatídica palabra.

Así de claro tenía que haberlo tenido antes. Estar prevenida y verlas venir. Pero no. Porque subnormal no lo seré del todo, pero lenta sí lo soy un rato largo. Y una cándida de tomo y lomo también.

Porque si lo pienso, si me miro hasta el fondo, tengo que confesar que yo pensaba que me querían. Estaba convencida de que era el amor de su vida, su pasión inconfesable, la otra media naranja de la empresa.

Me pagaban, es verdad, había un contrato, unas obligaciones, unas responsabilidades, un salario todos los meses, sus correspondientes pagas extra y un mes de vacaciones. Pero en el fondo yo pensaba eso, que me querían.

Lo escribo, lo repito en voz alta, y me siento abochornada. Pero me he prometido a mí misma dejar constancia aquí de todo lo que me pase por la cabeza. Aunque me muera de vergüenza. Y además no es momento para andarse con disimulos. Me pongo colorada sólo de pensar lo grotesco de mi situación. Así como suena: estaba convencida de que no me harían una cosa semejante, que me consultarían antes del cierre, que no irían a cazarme por sorpresa y que, aun en cualquiera de las más terribles decisiones, siempre encontrarían algo para mí en la casa. Porque la casa es grande, tiene publicaciones para todos los gustos y yo bien puedo hacer algo de provecho. Eso está fuera de dudas. Bien les he demostrado lo que valgo.

Pues no, no les he demostrado nada y mi vida les importa un pimiento. Eso es lo que más me duele, el que me digan quítate de ahí que estorbas, que ya no nos haces la menor falta. Ésa ha sido la razón por la que he ido a tomar el café, porque no podía con mi alma. Mucho hacerme la fuerte y en el fondo soy una mema de mucho cuidado.

¡Cómo demonios podía creer yo que la empresa se iba

a hacer cargo de mi situación! El hijo de perra de Jorge, después de cinco años de hacerme carantoñas y de dormir en mi misma cama me deja plantada, bien compuesta, perfectamente empantanada con los dos niños, y se larga con la mosca muerta de Alicia sin el mínimo asomo de mala conciencia, y yo me creo ahora como una perfecta ilusa que el canalla de José Antonio me va a querer toda la vida.

Y ni siquiera por mi linda cara. Ni por mis habilidades culinarias. Sólo porque escribo un artículo en la revista para reducir gastos. Porque yo a Jorge le llevaba en palmas, y besaba el suelo que pisaba, y con todo y con eso me abandonó por una imbécil de mucho cuidado. Y a José Antonio nunca le he mirado a los ojos como le miraba a Jorge, que siempre me decía el muy sinvergüenza: me encanta cómo me miras. Y aquí estoy, teniéndome que ganar la vida mientras la otra se repantiga bien a gusto sin apartar los ojos de la televisión.

No puedo comprender cómo había podido llegar a pensar tal barbaridad. Pero lo creía, eso salta a la vista. Si no, no sé a qué viene esa indignación, esa furia que me reconcome las tripas y esa pena tan grande, que me estalla en el estómago y me marea. Me creía imprescindible, pensaba que sin mí no podían vivir. No, a lo mejor no era por José Antonio, ya que pensándolo bien nunca fui su ojo derecho. Pero Félix, que al fin y al cabo lleva todo lo del dinero, bien que me sonreía y me animaba. Incluso algunas veces entraba en mi despacho, ese reportaje de los Andes, estupendo, Isabel, y yo me quedaba como nueva, no entiendo qué poder tienen los jefes para inflarte de alegría, debe ser algo edípico.

Pues a Jorge no se lo digo, ni hablar. A los niños ya les he dicho que como muertos, que a su padre ni una palabra. Miguel ya me ha recomendado un abogado amigo suyo, que a este paso no me hará ninguna falta, pero hay que reconocerle lo suyo, práctico lo es un rato largo, y eso se agradece, sobre todo ahora que parece que me ha entrado una parálisis generalizada, y estoy como una pata de banco. Capaz sería de largarme sin un duro. Y eso no puede ser, no me voy sin que me den lo que es mío, bastante he soportado en esta casa para irme así sin más.

Se lo tendré que contar a mis padres, pero eso lo pensaré mañana, no se puede hacer todo de golpe. En estos momentos lo único que sé es que no puedo explicarles nada de nada, sólo llorar de rabia y de la lástima que siento de mí misma, por inútil y por mema, no sé lo que voy a hacer, con los años que tengo y los plazos de la casa de la playa, y los gastos fijos innumerables. Pero no, me he prometido no pensar en eso, pues desbarro y me pongo como una loca, y de nuevo me viene el mareo aquel, como una pesadilla, todo me da vueltas y no puedo conseguir que los muebles se queden quietos, ni los libros, ni nada de nada. Lo que es verdad es que ha sido una auténtica guarrada, yo no podía esperar esto ni de lejos. Porque vale, está bien, yo era una imbécil, estaba engañada de cabo a rabo, había caído en la trampa como un ratón y todo lo demás. Eso está claro. Pero lo suyo no tiene nombre. Bueno, tenerlo lo tiene, y muy fuerte, no me atrevo ni a escribirlo con todas sus letras. No se puede hacer con nadie lo que me han hecho a mí.

Unos cerdos. Dejarme tirada de un día para otro como si tal cosa, podían haber tenido un poco de delicadeza. Aunque, la verdad, no hay manera de ser delicados para anunciar semejante guarrada. Por mucho que lo piense, y recuerde la conversación aquella palabra por palabra, es que no me lo creo. Lo más terrible es lo de la cara. Literalmente como si no la sintiera. Como si me hubiera zampado de golpe todo un bote de anestesia de esas que te dejan tiesa para toda la vida. Moverse, eso sí, se mueve, porque cuando nadie me ve hago gestos de esos para probar y noto que la boca y los pómulos y las cejas se estiran y se encogen como siempre. Pero vuelve a quedarse pétrea en cuanto me quedo quieta. Tiesa y rígida, como si llevara puesta una mascarilla de dedo y medio de espesor.

Yo creo que es por lo del susto, pues si las cosas las hubiera visto venir no se me habría quedado así de paralizada. ¿Qué digo, susto? Pavor es lo que siento, de esos que te dejan clavada en el sitio, esclerótica como mi propia cara. Y con los niños tengo que disimular, hago como que no me importa, ya se pasará, trabajos hay a montones, no tengo más que levantar un dedo y tendré que quitármelos de encima. El problema es que no puedo mover el dichoso dedo, ya que también se me ha quedado encogido de puro terror.

Son cosas que pasan, les digo, quitándole importancia. He notado que Javier me mira inquieto, ya tiene edad de darse cuenta de las cosas aunque no quiera, de eso estoy segura, no le da la gana, en eso es igual que su padre, un fantasioso que siempre vive pensando en las musarañas. Pero ayer vino a darme un beso antes de acostarse y eso me escamó, ya es el colmo, mosquearse porque tu propio hijo te dé un beso, pero así son las cosas, y buenas están para darle ahora vueltas a mi maternidad, es lo único que me falta. No me cabe duda, iban a por mí por inútil, aunque me lo calle bien callado, y eso es lo que pasa, hasta Javier, que es listo aunque se haga el tonto, se da cuenta.

4

MIS PADRES

Ellos esperaban de mí otra cosa. Por ejemplo, el triunfo. Seguro, el triunfo. No creo que me atreva a confersárselo nunca. El problema es que tengo que decírselo. Al fin y al cabo no es para tanto, me digo.

Pero sí es para tanto. Es para muchísimo. Y además son mis padres. La cosa es que de la manera en que me encuentro me es materialmente imposible despegar los labios. Y sobre todo esta cara rígida que se me ha puesto, el tono ceniciento de mi piel, la expresión asustada de mis ojos. No, no puedo.

No podré nunca. Además, ¿qué les digo? ¿Que soy una perfecta negada, incapaz de sacar adelante una revista? ¿Que estoy literalmente aterrorizada de no encontrar trabajo alguno en lo que me resta de vida? ¿Que en realidad tenían toda la razón y lo que necesito es un hombre fuerte y poderoso que me mantenga? No, de eso ni hablar. Pero, precisamente eso que no puedo ni quiero decirles es justo lo que siento en estos momentos.

¡Qué cara me pondrán! La suya, naturalmente, que es ya de por sí tirando a desolada. Pero en ese momento sin duda adquirirá un aire más compungido. Hija, ¿qué vas a hacer ahora?, ¿qué va a pasar con los niños? ¡Los niños!

Ese par de mostrencos que de infantes ya no tienen nada y que gruñen indefectiblemente cada vez que les fuerzo a visitar a sus abuelos. Ese par de estómagos engullidores, ese sinfín de bolsillos sin fondo que tienen siempre la mano de pedir dispuesta como mendigos a la puerta de una iglesia.

¡Encima los niños! ¡Cómo si no tuviera yo bastante con ellos, comprarles todo tipo de geles para esos granos horribles que les invaden y calzoncillos con la bandera americana! Y aguantarlos un día y otro. ¡Cómo si eso fuera poco! Pues debe serlo, porque no sólo es sacarlos adelante, que ya están bastante crecidilos, sino además oír penar a mis queridos, devotos padres, por sus pobres nietos.

De verdad que no se lo digo. Haré como si no pasara nada cuando vaya a su casa el próximo domingo a tomar la copa ritual del atardecer. Pero ¿con esta cara que se me cae a pedazos? Diré que tengo la regla, aunque sea imposible. Diré que he dormido mal, que he tenido pesadillas, que he pasado una noche de terrible insomnio.

En realidad, a ellos qué les importa. Al fin y al cabo me las voy a tener que componer yo solita, eso si logro arreglármelas. Pero ellos no pueden hacer nada. Sólo lanzarme una mirada de estupefacción y de cierta misericordia. Luego la parálisis, el tartamudeo. Pero hija. El silencio absoluto y acusador. Mejor me lo callo y aquí no ha pasado nada.

¿Qué tal en el trabajo?, me preguntarán como cada domingo, siempre con miedo de que algo vaya mal, de que la crisis arrase con la empresa y sus desgraciados empleados, de que el mundo entero se hunda irremediablemente. Pues bien, como siempre, diré imperturbable; ya sabéis, añadiré para justificar un poco mi rostro desencajado, con algunos problemas. La publicidad no está animada. Pues yo veo mucha, saltará como siempre mi padre enarbolando una revista de hace un par de meses ya manoseada. No es suficiente, explico, es muy cara de hacer y se necesitan muchas páginas de publicidad para que las cosas marchen.

Ahora que lo pienso, debería llevar a mi padre a hablar con José Antonio. A lo mejor él que es tan insistente (mi padre, mi señorito también, pero ahora no hace al caso) consigue convencerle de que ya tenemos publicidad de sobra y que vamos de auténtico rechupete. Tarde, se me ocurre todo tarde, justo cuando no hay remedio. Además, es una estupidez de tomo y lomo. No me vienen a la cabeza más que ideas disparatadas. No me extraña que la revista haya tenido que cerrar. Lo que tenían que haber hecho es cerrarme a mí también con ella. A cuenta de la empresa. Bien cerradita. De la cabeza a los pies. Y sobre todo por dentro. La cabeza clausurada y precintada, que para lo que me sirve estaría mejor.

El domingo, tengo que volver el domingo. Hoy es todavía miércoles, así que tengo tiempo de pensarlo.

Pero esta noche volverá a llamar mi madre. Como ayer y anteayer. Y ya no puede decirle el garrulo de Pepe que mamá, o sea yo, está en el cuarto de baño, que es lo único que se le ocurre como excusa. Bien que le he dicho yo que se invente algo, que he salido con unos amigos, o que estoy preparando la cena, que siempre queda mucho mejor y más doméstico. ¡En el cuarto de baño! Pues que me llame en cuanto salga, le dijo ayer y anteayer mi madre a Pepe, y es lo mismo que le dirá hoy como no se le ocurra otra cosa mejor al niño. Y ni entretenerla un instante, ni darle un poco de conversación a ver si así se despista. Me deja con el culo al aire y en el mismísimo cuarto de baño; no sé qué va a pensar mi madre que hago allí todo el día.

Porque ponerme al teléfono no me pongo. Eso sí que no. Se me quiebra la voz, y si intento disimular me sale un tono de pito que no hay quien se trague nada de lo que digo. Mi madre menos que nadie. ¡Menuda desconfiada es ella! ¿Qué te pasa, hija? Te noto rara. ¿Rara? Lo que estoy es hecha mierda, me van a dar todas las ganas de gritarle. ¿Cómo voy a estar? En la calle, en la mismísima calle, yo que os parecía tan lista.

No, eso es imposible. Lo que haré es no ponerme. Y que Pepe, el muy burro, le diga lo del cuarto de baño, que estoy con una diarrea galopante, que me disuelvo materialmente por el dichoso agujero. Mucho mejor eso que echarme a llorar como la estúpida que soy en cuanto me pregunte cómo me encuentro.

¡El teléfono! Tiene que sonar ahora, sin tiempo para prepararme. Y nadie en la casa. No puedo soportar esa serie ininterrumpida, tozuda, de timbrazos. La verdad es que nunca he podido. Es auténticamente como un taladro. ¿Diga? Ah, hola mamá. No, no estoy sorprendida, es que no te esperaba tan pronto, te iba a llamar yo dentro de un rato. ¿Son las nueve ya? Fíjate, no me había dado ni cuenta. Sí, sí, acabo de llegar ahora mismo. Sí, un montón de trabajo. Sí, sí, algo cansada, ¿me lo notas?, claro, claro. No, por lo demás, bien, todo bien. ¿Los niños? Por ahí, pero vendrán enseguida. No, ayer no te llamé, es que me puse a hacer la cena y luego a ver la tele y se me pasó. No, anteayer tampoco, lo mismo. Vosotros bien, ¿no? Bueno, si no te importa te voy a dejar ahora, que están llamando al timbre de abajo y no sé quién puede ser a estas horas. No, no, no espero a nadie. Bueno, sí, ya te llamaré con más calma. Adiós.

Ya está. En realidad, no. Pero al menos lo del teléfono ha quedado liquidado. Y sin recurrir a la maldita diarrea. Por cierto, ha pasado sobre ascuas sobre mis encierros en el cuarto de baño, se lo he notado. Y estaba rarísima, desde luego. Lo del timbre ha sido una ocurrencia estupenda, y eso que no la tenía preparada. A lo mejor no me he vuelto tonta del todo.

Además, ahora que lo pienso, no entiendo por qué tengo que estar todo el santo día dándole explicaciones a mi madre de todo cuanto hago o dejo de hacer. Ya soy mayorcita. En realidad soy francamente mayor. Por eso me han echado, no me cabe duda, si no me hubieran encontrado algo que hacer en la empresa. Por eso no voy a encontrar ningún trabajo. Y aquí estoy, a punto de cumplir los cincuenta y mintiendo a mi madre como una bellaca quinceañera. Porque lo del timbre, se mire como se mire, es una mentira. Pequeña y tonta, pero mentira al fin y al cabo. Ahora bien, siempre es un engaño más mínimo que lo de la diarrea.

Si le digo que tengo diarrea se habría preocupado. Hija, eso te pasa por hacer tanto ejercicio, siempre está con lo mismo, que si como poco, que si voy demasiado al gimnasio. No, si encima quiere que esté gorda y fofa, además de despedida y parada. Pero ¡qué va a querer! La pobre es que se preocupa de todo y seguro que habría pensado que tengo diarrea por tomar tanta verdura y tan pocos guisos consistentes. Y por esas máquinas infernales de correr sobre cintas movedizas que ella tanto aborrece. Y razón no le falta, si me detengo a pensarlo. Pero no me detengo. Bastante tengo con lo que tengo, no puedo más.

Estoy como al principio. Ni el darle más y más vueltas ni la inoportuna llamada de teléfono han resuelto nada. Las nueve dadas de la noche y en las mismas de hace dos horas. Bueno, en las mismas no; he llegado al convencimiento de que ya tengo la suficiente, y más que suficiente, edad para no dar explicaciones a mis padres de lo que hago o de lo que dejo de hacer. El caso es que precisamente ahora no he hecho nada. Me lo han hecho a mí. Eso es precisamente lo peor. Intentarán consolarme. No, ni siquiera podrán. Justo ella, pensarán, la que más lo necesita, sin un marido que la respalde y la sostenga. Porque lo del marido sale seguro. ¿Y la casa? ¿Qué vas a hacer con la casa? Materialmente les estoy oyendo. ¿Y los niños? Así no avanzo, de verdad. No hago más que obsesionarme y repetirme como la mala cebolla.

El caso es que no se me ocurre nada. Porque, si lo considero serenamente, no tengo más remedio que decírselo. Tranquilamente y sin agobios. Este mismo domingo. Con naturalidad, como si no tuviera tanta importancia. Por teléfono no, que no se ven las caras, aunque quizás en mi caso sería una ventaja. Pero no, tampoco es cosa de pasarse y hacer como si fuera una tontería. Hacia las ocho de la tarde me acerco a su casa como siempre, hola, hola, besos y pido mi whisky para entonarme un poco. El primero, eso sí, porque antes de salir no debo beber nada. Que el alcohol me está dando mucha llorera estos días y no es cosa de arriesgarse tontamente. Un solo vaso allí mismo. Y enseguida a hablar de cualquier cosa.

Eso es fácil. Mi madre tendrá que contarme algo de esa prima, la pobre, que no acaba nunca de quedarse embarazada o de la tía Soco, que después de operarse la pierna anda más tiesa que un palo. Ése es el momento. Porque tampoco conviene que lo lance justo cuando me ponga en pie y me despida, como una faena de urgencia. No, primero caldear el ambiente un poco, relajarse y decir en tono trivial: creo que voy a cambiar de trabajo. ¡Estupendo! Ésa es precisamente la frase que andaba buscando. Es tranquilizadora, indica que ha habido reflexión por mi parte, y, sobre todo, manifiesta que es una decisión mía y muy mía. Creo que voy a cambiar de trabajo. Son las palabras definitivas.

Luego es todo ya coser y cantar. Pues sí, añadiré, las cosas no están nada claras en la revista. Ya sabéis, la crisis parece más larga y profunda de lo que en principio se pensaba y está afectando directamente a la publicidad. Y para evitar el enojoso comentario de mi padre apostillando que él no está de acuerdo con tal cosa, añadiré: de hecho los presupuestos que las empresas destinan a la publicidad se han visto recortados drásticamente, y he leído que hasta El Corte Inglés se ha replanteado sus campañas este mismo año. Estoy segura de que esta referencia les dejará absolutamente anonadados y que no podrán salirme con sus habituales objeciones.

Mi discurso serio y fundamentado calmará sin duda sus ansias y me permitirá dar el siguiente paso. He hablado con mi señorito y al parecer no están muy convencidos de seguir publicando la revista. Y ahí apuntalaría hábilmente mi primera reflexión: creo que lo mejor para mí en estos momentos es negociar con la empresa y cambiar de trabajo.

Pero ¿qué trabajo? ¡Dios santo! Loca, estoy loca. Si no tengo trabajo ni voy a encontrarlo. Si estoy en la calle. Y en unos momentos en que la calle está auténticamente abarrotada de gente estupenda que ofrece sus servicios al peor postor con infinito agradecimiento y alegría. ¡Y mis padres lo saben de sobra! Y más que nadie yo, que soy la que tengo que contarlo.

Eso no cuela. Era realmente magnífico pero no me sirve de nada. Mi mente patina a la velocidad del vértigo. Lo que me confirma que no encontraré trabajo alguno. Y mis padres se darán cuenta enseguida. Hasta ahora los tenía engañados, había tenido suerte, había empalmado una ocupación con otra, y aparentaba haber conseguido una posición sólida. ¿Sólida? ¡Cielos! Estoy en las mismas, dándole vueltas a mi desgracia como el burro a la noria. En mi caso, reconozcámoslo, no podría dar las vueltas de otro modo.

Corto. Definitivamente hoy no es mi día. Seguramente tampoco lo será mañana, pero desde luego hoy no lo es. Además me está entrando un retortijón irresistible en las mismísimas entrañas. La diarrea. Es seguro, la diarrea. Me encerraré con toda la razón esta vez en el socorrido cuarto de baño.

Nota: Todo esto para nada. Esta noche del domingo, después de volver de casa de mis padres, he releído lo que escribí el miércoles. No tengo palabras. Las he tenido en cambio hace sólo un rato. He cantado de plano. Nada más llegar, pero con el whisky ya en la mano. Eso sí, me he embadurnado antes con una capa del eficaz Sisheido para restaurar algo mi derruida cara. Total para nada. Literalmente. Mis padres han escuchado sonrientes el relato de mi despido y a lo único a lo que han prestado atención es a la indemnización que estoy negociando. ¡Qué suerte, hija, para los tiempos que corren!, se han dignado a comentar sin demostrar la más mínima preocupación por mi catastrófico estado. Ni frases de consuelo ni palabras de aliento. Ni asomo de decepción alguna por mi innegable fracaso. Se han quedado tan panchos. Pues ya ves, te encuentro la mar de mona esta noche, ha apostillado mi madre, cuando yo, buscando ya directamente su conmiseración, les he forzado a que escrutaran mi malísima cara. Estoy demasiado agotada para seguir hoy. Pero mañana me tomaré la revancha. En mi diario. También sobre mis padres.

5

LOS PELOS

Isabel, me ha dicho Sagrario nada más verme entrar por la puerta, a las dos tienes hora en la peluquería. ¿Peluquería? He lanzado un chillido de rata destemplada llevándomc las manos a la cabeza. Sí, acuérdate, me dijiste que querías ir esta semana, ha insistido Sagrario, ya me imaginaba yo que lo habrías olvidado con todo eso.

¿Olvidado? Lo que había hecho es desaparecer literalmente de mi memoria. De mi memoria y del mundo entero tenían que haber desaparecido. ¿Cómo pueden seguir existiendo peluquerías cuando el mismo suelo se está hundiendo, cuando seis personas, seis seres con su nombre y apellido, sus novios, sus maridos, sus hijos, sus madres y sus padres, sus plazos a cuestas, se derrumban de un solo golpe, temblando como hojas, encogidas como guiñapos? ¿Es que no hay un poco de consideración en este planeta? ¿Es que ningún alma caritativa se ha encargado de echar el cierre a las peluquerías del mundo entero? ¿Es que acaso no puede guardarse, al menos, unos días de luto, un respiro?

Mis pelos están hechos una pena, esa es la verdad, pero ¿a quién demonios le importa? ¿A José Antonio, que con un corte de diez mil pesetas el tijeretazo me hubiera puesto de patitas en la calle con los mismos malos modos? ¿A Félix, que le pirran los pelos desgreñados?

No, ahora va a resultar que es por eso por lo que cierran la revista, porque no he ido a la peluquería. Porque ahora que lo pienso tenía que haber ido hace un par de semanas, pero lo fui dejando tontamente. Eso, estúpidamente, sencillamente por trabajar, por puro agobio, hace falta ser idiota. El martes aquel ya tenía hora, pero nada, me puse a corregir como loca el artículo que llegó a última hora, uno de Juan Meléndez, y yo sé cómo se las trae sus textos, que para meterte las ganas de viaje en el cuerpo se las pinta él solo, pero de paso cuela cada cuezo imposible, parece que la mitad de lo que dice se lo inventa, y hay que andarse con mucho tiento. Y encima siempre entrega el último, se diría que los folios se los arranca del forro de su alma. Pues eso, allí me quedé, en el despacho, sin peluquería ni gimnasio ni nada de nada.

Venga de hacer el imbécil, si lo llego a saber empapelo mi mesa con el dichoso artículo, que daba para forrar la primera planta entera. La mesa de José Antonio, la de Félix, y los restos en la de Luis Miguel, que él ni el esfuerzo se merece. Ni él ni ninguno; no entiendo por qué me liaba yo con todo mientras ellos lo único en que pensaban era en deshacerse limpiamente de mi estúpida persona. Me abofetearía por idiota.

La semana pasada lo mismo, y bien que lo necesitaba; siempre me lo dice Isabel, la que me peina, que se llama como yo, también es casualidad; Isabel, me dice ella a mí, al menos tienes que venir una vez al mes, no puedes abandonarte, y al fin y al cabo no te cuesta nada, estás al ladito.

Costarme me costaba, vaya si me costaba, un porrón de dinero todos los meses, ahora me doy cuenta, pero la verdad es que lo gastaba a gusto, pues me encanta ir a la peluquería, y que me den masajes en la cabeza; Espe, la que siempre me coge para lavarme el pelo, los da de maravilla, sin mirar el tiempo, yo echada tan estupendamente y ella ¿es demasiado fuerte? No, no, sigue, sigue, que me estaría así la vida entera. Pero no puedo, siempre hay un momento en que acaba y me pasa el chorro de agua templada y me dice, ya está, y me da mucha pena, pero no me atrevo a decirle que no quiero, que empiece de nuevo, que me da igual pagarle el doble, pero que siga eternamente.

Pues no fui. Ahora que lo pienso me llamó Félix muy pronto, nada más llegar, te agradecería mucho que vinieras a una comida conmigo; es un cliente que nos interesa mucho; siento haberte avisado así sin tiempo, pero sería estupendo que vinieras. Fue entonces cuando me dijo que le encantaban las greñas, y que podía pasar de peluquería por unos días.

Caí como una idiota, fulminantemente seducida por sus increíbles requiebros. Y allí acabé, con el cliente que le interesaría a Félix pero que a mí me importaba un cuerno, y en un restaurante cuyas existencias se limitaban a enormes cantidades de ácido úrico convenientemente concentrado. Un granuja es lo que es ese Félix, bien se lo dije luego, si te aburre el tipo de marras, te aguantas, que yo también aguanto lo mío. Seguro que lo hizo por no comer mano a mano con él, lo cual siempre exige más esfuerzo y me lanzó a mí al ruedo. Un granuja no, un auténtico hijo de perra, que poco me dice ahora a ver si me acompañas, no le he vuelto a ver el pelo desde el día del desastre, ni la cara dio, un hipócrita redomado.

Y yo peor aún, porque él al menos es malo a conciencia, sibilino, interesado, hábil, retorcido, sinuoso y escurridizo. Pero sale de las más difíciles situaciones más fresco que una lechuga. Yo, encima de comerme el marrón de esa indigesta perdiz a las uvas, de haber aguantado a pie firme y sin cebarme lo más mínimo las memeces que nos soltó el cliente de marras, después de haber anulado mi cita en la peluquería, me encuentro con una mano delante y otra detrás, sin revista que hacer, absolutamente hecha papilla y en la mismísima calle.

Soy tonta, así como suena, se me ve la baba a distancia. Y lo sé de sobras, es mucho más gravc scr tonta que mala. A la vista está, no entiendo por qué divago tanto, ni por qué hablo de cortes de pelo, ni de restaurantes ni de clientes. Con la trastada que me han hecho, no digo más que desvaríos, que si Félix esto o Félix lo otro, como si las canalladas de este sinvergüenza contaran algo en este momento.

Lo que me ha dejado de piedra es el cuajo de Sagrario. ¿Cómo ha podido decirme nada de mi hora en la peluquería? Habrá mirado la agenda, eso desde luego, pero al menos podría habérselo callado, no creo yo que sean momentos éstos para pensar en arreglarse el pelo. Ni para mirar la agenda, bien pensado, maldita la falta que hace una agenda a una secretaria en la calle de una directora en la misma situación. Y cuando yo he llegado a las diez ella ya estaba, bien sentada a su mesa; a lo mejor ha venido tan pronto por eso, a ver si aún estaba la silla, tendrá miedo hasta de que se la quiten. Yo le he dicho que vamos a tomarnos las cosas con tranquilidad, que ella se queda conmigo hasta que yo me vaya, al menos un mes no nos lo quita nadie, eso lo dejé bien claro enseguida.

Tranquila sí, pero no se trata de mirar la agenda nada más llegar y avisarme como si tal cosa lo de la peluquería. Parece como si no tuviera sangre en las venas. A lo mejor le pasa lo que a mí, que se ha quedado acorchada y va y viene por pura inercia, y abre la agenda como si fuera un día como los anteriores y aquí no ha pasado nada. Pero no, luego la vi hecha una magdalena; debía de llevar llorando varias horas, porque tenía los ojos como dos tomates, y había puesto perdidos los presupuestos del último número, llenos de lagrimones. Luego los paso a limpio de nuevo, no te preocupes, me ha dicho la pobre, como si a mí me importaran algo; les he echado una ojeada porque se me va la vista, aún tengo reflejos y me digo, es una patosa, no sabe ni dónde ponerse a llorar, cuando en realidad por mí como si llena de lagrimones todos los balances de José Antonio y de Félix, y los emborrona, y los hace fosfatina, que miro por mirar, como he hecho siempre pero sin intención.

Y si he llegado a las diez es porque me da horror quedarme en casa, así me hago a la idea de que todo sigue igual, sólo que me he retrasado un poco, y para comprobar que mi despacho está en su sitio, que no me lo han clausurado, que no se han llevado la llave los muy canallas, no es la primera vez que ocurre, aunque no creo que se atrevan a hacerlo conmigo.

Se atreverán, se atreverán a todo, no tienen vergüenza, ni consideración ni nada de nada. Porque la verdad es que da igual llegar a las doce que a la una, como si ahora por llegar pronto me fuera a llamar José Antonio, mira Isabel hemos pensado que como eres muy puntual en el trabajo pues te quedas, ya encontraremos aquí en la casa algo. Seguro. Justamente eso es lo que está pensando. Yo venía siempre la primera porque no puedo resistir llegar tarde, ni aunque me lo proponga, es como una manía. A las nueve el cuerpo se me pone tonto en casa y una vez dejado todo listo me tengo que largar.

No, si la culpa no es de ellos, sino mía, por imbécil, eso lo tengo cada vez más claro. Porque ellos serán unos canallas, eso no se lo quita nadie, pero engañar nunca me engañaron. La empresa era suya y muy suya y yo lo sabía de sobras. De los tres socios. José Antonio, mi señorito, Félix el de las pelas y un tercero que vive en Marbella y sólo aparece de vez en cuando, pero que debe mandar lo suyo, porque cuando viene por aquí los otros dos no hacen más que prepararle papeles y más papeles. Pues eso, la empresa era suya y no mía. Y suya sigue siéndolo, y pueden hacer con ella lo que les salga de las narices. Abrir revistas, cerrar revistas y mandar al personal a freír espárragos.

Creía que lo tenía claro, no había la menor duda. Pues no, debía de estar pensando que la dichosa revista era un regalo, un bonito obsequio para que yo disfrutara de lo lindo, publicara los artículos que quisiera y pasara las horas la mar de entretenida.

Pues no, mira por dónde, no era un regalo, me tenían absolutamente engatusada. Todo era puro camelo. Porque lo de las greñas clama directamente al cielo. Porque, vamos a ver, ¿existe un hombre en el mundo al que le guste una mujer despeinada? Evidentemente no, los hombres son muy suyos, y no hay cosa que les guste más que una cabeza bien compuesta, con su buena melena igualada y perfecta y ni uno puede soportar una pelambrera desgreñada, cualquier mujer se da cuenta de eso. Pero yo no, dejo de ir a la peluquería porque el vidrioso de Félix me dice que estoy estupenda, que tengo un pelo fantástico, que no necesito el menor arreglo.

Y no tenía más que mirarme al espejo. Carne de cañón, eso es lo que soy. De las perrerías de Félix y de las de cualquiera. Porque la comida aquella de nada me sirvió más que para machacar mi pobre estómago acostumbrado a verduras y a frutas.

Y mi pelo sigue como antes. Mucho peor, ya me lo dice Isabel, mi peluquera, los nervios influyen mucho, y también el dichoso estrés. Y yo ahora estoy fina, abiertamente histérica, cómo voy a estar. Y para colmo con estas greñas. Porque a la peluquería no voy a ir, diga lo que diga Sagrario, que me ha dicho, hija, no es para tanto, la vida sigue.

Y justo eso es lo que más rabia me da, que siga, que aquí parezca que no ha pasado nada.

Llego a casa y Pepe me pide dinero para apuntarse a un curso de submarinismo. No entiendo por qué tiene este niño que lanzarse a todo aprendizaje deportivo que se le ocurra y los cursos le tienen obnubilado. Sean de lo que sean. Lo del submarinismo me ha parecido una provocación. ¿Aquí, en Madrid?, le suelto como una hiena enfurecida. Sí, aquí, en una piscina especial que acaban de inaugurar, lo organizan en el colegio, me ha contestado pensando que la mención a tan estricta institución me tranquilizaría. De tranquilizarme nada, una cosa es que la vida siga, lo cual ya me exaspera, pero el colmo es que todo el mundo ponga en marcha actividades como locos, que maldita la falta que les hace aprender submarinismo a los madrileños; es una idea de un auténtico descerebrado. Y allí está él, tan tranquilo, embaucando a mi hijo Pepe, convenciéndole para que se sumerja en las profundidades de su falso mar, con sus rocas artificiales.

Y embolsándose mi dinero además. Porque a él no le han cerrado su piscina, sino todo lo contrario, la acaba de inaugurar. Ni está en la calle; estará en su estadio tan cómodamente mirando cómo los incautos caen en sus redes y frotándose las manos de puro gusto. ¡Ni hablar del asunto!, le he dicho a Pepe, y se lo he debido decir con tanta convicción que se ha metido en su cuarto sin rechistar.

Ahora me da hasta pena, la idea es un auténtico disparate y sobre todo se acabó, no se apunta ni a un curso más, todo lo que ha aprendido hasta ahora pues mejor para él, pero hasta aquí hemos llegado. Ni yo voy a la peluquería ni él se apuntará al submarinismo. Sólo faltaría eso. Que la vida sigue, pues que siga, pero yo ni caso. ¿Es que la vida me hace algún caso a mí? ¿Es que ha tenido alguna consideración con mi desgracia? Porque lo mío es una auténtica desgracia, me encuentro en la calle, me han echado de sopetón, han pegado el cerrojazo a la revista.

Nada, leo los periódicos y sólo hablan de lo de siempre, como si lo mío no fuera noticia, y mi portero me dice buenos días señora, y el del garaje me saluda con su aire agotado de siempre, no sé de qué se agota, y las peluquerías siguen abiertas de par en par esperando que yo entre en ellas.

Pues no, no entro, no me da la real gana de que me den masajes en la cabeza, ni de que me hable Espe, ni de que me riña Isabel por mi retraso. Todo eso se acabó. Me he prometido a mí misma mantener con cuidado toda mi vida estas horribles greñas. Mañana será otro día. Y sigo sin hablar de mis padres.

6

EL LIMBO

Flotando, estoy flotando, sobre una nube, la mente estropajosa y enmarañada. Me miro al espejo y veo con espanto que los músculos de mi rostro se han caído al menos dos centímetros, que la mirada se ha perdido en algún punto lejano e impreciso, que la boca se ha endurecido y no responde a ningún intento de sonrisa. Para colmo es como si arrastrara pesas, cada paso que doy parece que me cueste un desgarro.

Y lo mismo cada movimiento, da igual estar sentada que de pie, parece que he comido hierro fundido en vez de merluza rebozada, y allí donde estoy allí me quedo. Por dentro nada, lo que se dice nada. Y eso, la verdad, me preocupa, me da miedo quedarme así, con el encefalograma plano, con el corazón paralizado, sin pensar, sin sentir ni padecer, igual que un mueble.

Lo malo fue lo del primer día con la perra que me dio con lo de Conchi, pero al menos mi primera reacción fue de preocupación. No por mí, eso fue lo raro, pero al menos estaba inquieta. Porque ahora nada, ni nervios, ni intranquilidad ni nada de nada.

Así debe ser el limbo ese del que nos hablaban en el colegio, que por cierto no he vuelto a saber de él en muchísimos años. Antes siempre se decía aquello de cielo, infierno y limbo. Pero ahora ya no, el dichoso limbo parece haber desaparecido como por encanto y ya nadie lo menciona. A lo mejor es que yo no me he dado cuenta pero sigue allí; en cuanto salga de ésta me tengo que enterar a ver si viene en el catecismo nuevo que han sacado. Por pura curiosidad. Y porque realmente es como si ya lo conociera. En mi propia casa me siento como en él.

Lo que realmente me asusta es no poder moverme nunca más. Quedarme encerrada en el limbo y no poder salir jamás de los jamases, lo cual sería grave. Desde luego si sigo así no encuentro trabajo en lo que me queda de vida, pues nada más verme todos van a echar a correr, no apetece nada ver a una persona de esta guisa, catatónica y lela.

Y mucho menos contratarla, con el montón de gente que viene empujando, mujeres y hombres la mar de activos, dispuestos a todo, y que se mueven como si tal cosa, con agilidad.

Pues si no quieren que no me contraten. Se acabó. Malditas las ganas que tengo ahora de trabajar donde sea. Me siento entumecida por dentro y por fuera. A lo mejor, pienso yo, será por lo del gimnasio, donde no he aparecido en toda la semana, para tablas estaba yo, para correr por la cinta, para doblarme en abdominales, bastante he hecho con vivir. Además, por cuatro días sin hacer ejercicio no me va a pasar nada, sería el colmo, después de los años que llevo castigando el cuerpo. No, si lo sé de sobra, todo es por lo otro. Aunque no sea despido.

Lo es. ¡Claro que lo es! Vaya una manía no llamar a las cosas por su nombre. Ayer mismo no podía soportar más a ese pelma de Nacho repitiendo que no me preocupara, que la crisis no durará siempre, que dentro de un par de años las cosas cambiarán. ¡Qué sabrá él! Yo ni idea, pero a lo mejor la crisis dura siempre. O al menos dura unos buenos diez años o así; si luego se acaba no se de qué cuernos me va servir a mí que todo vaya bien, cuando ande ya con muletas, sobre todo si sigo con esta especie de hemiplejía que me ha entrado. Lo que me preocupa soy yo misma, no la crisis esa, por mí que la ondulen. Hace una semana había crisis y yo estaba tan contenta, todo hay que decirlo.

Y de repente aquí estoy, como una momia, hasta Nacho se ha dado cuenta, y eso que siempre me ha mirado con buenos ojos. Por eso me lavé la cabeza a pesar de que no quería, pues me gustaba estar así de fea, greñosa y horrible; no obstante me arreglé, pensé que tenía que hacer un esfuerzo, aunque fuese mínimo, como lavarme y arreglarme, ya que no se trata de tomar como modelo a la guarra de la Reina Católica.

Si me lavé no fue por Nacho, sino por mí misma. Miguel me recordó que habíamos quedado a cenar el sábado en casa de Menchu y Carlos, y yo ni idea. A lo mejor por eso le insistí a Sagrario en la hora para la peluquería, pero es que se me había borrado todo, y ahora no podía salir de casa con esas pintas. Tuve el impulso de decir que no iba, que no me daba la real gana de cenar en ningún sitio, que me dejaran en paz con mis greñas y mi despido.

Me duró poco: sólo de pensar en tener que coger el teléfono y dar explicaciones me producía tal cansancio que lo fui dejando hasta que se hizo la hora de ir. Entonces me metí en el baño. Salí limpia, pero nada reconfortada.

Y yo tenía mis esperanzas puestas en la ducha. Un buen masaje con el chorro extrafuerte de agua caliente, luego fría, y al final templada y como nueva. Pues nada. Salí viejísima, con la cara igual de fláccida y los músculos acalambrados. Estoy segura de que esos remedios sólo sirven cuando estás bien. Pero cuando te quedas como yo me he quedado, hecha una agonía, pues no hay ducha que te resucite.

La cena pues eso, una cena, crema de remolacha, que la odio, y ternera rellena. No hubo manera de que me entrara nada. Y eso que me tomé un whisky nada más llegar, a ver si me entonaba y podía sacar adelante una conversación, pero como si me hubiera bebido un vaso de agua. No sé qué me está pasando con el alcohol, que en vez de animarme me aplatana. Lo conté en la cena, dándole a todo un aire muy natural. ¿Sabéis que han cerrado la revista?, me lancé en plancha cuando los demás empezaron a atacar la repugnante crema amoratada. ¿Qué revista?, soltó Menchu, que siempre está en la inopia. No sabían nada, claro, era prácticamente imposible que lo supieran, pero de alguna forma tenía que empezar yo. Lo curioso es que yo hablaba tan fluidamente, momentáneamente recuperada del don de lenguas, tranquila y como si la terrible canallada fuera una anécdota la mar de graciosa.

No tuve que hacer ningún esfuerzo. Nada, no me importaba nada. Lo único que me obsesionaba era notar la cara agarrotada, pero lo del trabajo me traía al pairo. Eso y lo de la remolacha que tenía delante, y que, gracias al revuelo que se organizó con la noticia, nadie se dio cuenta y me la dejé toda.

Lo peor fue lo de Nacho. Empezó a darle que te pego con que las cosas no estaban tan mal como la gente se pensaba, que la crisis era psicológica, que si lo mejor era hacer como si nada. Memeces de mucho cuidado, que si llego a estar en forma, me lo como a trocitos. ¡Mira que decir que la crisis es psicológica delante de una damnificada! No, si lo que tiene Nacho es tacto. Y ni un solo gramo de cerebro en su calva cabeza. Hasta Menchu, que siempre está en Babia, se dio cuenta, se notaba la mar de cortada y le replicó. No sé qué rollo le largó sobre que todos estábamos afectados, que estas Navidades ellos habían decidido prescindir de Lech, y que tan sólo fueron en febrero, cuando los precios estaban más bajos; que no había más que abrir los ojos, hasta en las ventas de Prada se notaba, lo sabía ella de muy buenísima tinta. Un espanto, pero le agradecí la intención, la pobre se había dado cuenta de que el imbécil de Nacho había metido la pata.

A mí no me importaba nada, que es a lo que voy, si me pinchan no sangro, ni grito, ni me duele, estoy como anestesiada. Y si oigo tonterías, pues las oigo, no es que no me dé cuenta. Fue mucho peor cuando empezó a darme consejos, eso sí que me reventó, y Miguel empezó a mirarme un poco asustado desde el otro lado de la mesa, advirtiendo mi palidez a pesar del maquillaje, pues me había pasado más de una hora delante del espejo para reconstruir algo mi cara. Tú no te preocupes, Isabel, que esto es cosa de días o como mucho de meses, y lo principal es no derrumbarse a las primeras de cambio. Sobre todo, muy tranquila, seguía diciendo el memo de él, con la solemnidad de quien recita la Biblia.

¡Cómo si yo estuviera derrumbada! Catatónica sí, paralítica desde luego, atontada sin paliativos, pero derrumbada ni por asomo. ¡Demasiado entera estaba yo para el golpe que había recibido! Tiesa, recta como un roble, un poco hecha trizas la cara, pero nada más. Afectada por la situación, porque soy de carne y hueso, y quizá demasiado aletargada.

Y derrumbada. Derrumbada también. No me quiero dar cuenta pero es la pura verdad. Nacho tiene toda la razón. Estoy hecha una ruina, puro escombro. Si por eso me dio la rabia que me dio, porque metió su repugnante dedazo en toda la llaga. Y ese sermón sobre los nervios, los míos, claro, porque él está como una rosa, estuvo a punto de hacerme saltar y remover mis esencias adormiladas. Fue a la altura de la ternera rellena, que en realidad tenía una pinta estupenda, y me cebé con ella a conciencia, la fui descuartizando con ahínco y dejé el plato hecho un despojo.

Lo hice por hacer, sin ira, sin crueldad, sin apenas rabia. Como quien hace una autopsia, tranquila, pensando ahora un trozo de oliva, aquí la carne picada, esto amarillo es la yema cocida, y hasta un par de alcaparras encontré escondidas junto a un trozo de trufa, que me hacía gracia escarbar como una tonta y descubrir la de cosas que puede contener un relleno. Para distraerme de la conversación que había iniciado Nacho. A esas alturas Carlos y él estaban ya alborozados con la subida de los fondos de inversión, y eso era justamente lo que yo más quería escuchar, cómo encima les iba bien a ellos, los muy sinvergüenzas, seguro que a costa de víctimas como yo se estaban forrando tan estupendamente.

Y a costa también de Conchi, que tendrá que renegociar el crédito, y los intereses le subirán como espuma envenenada. Todavía la estoy oyendo, no iremos a la calle, seguro que nos buscan algo, como Nacho, no os preocupéis, que la empresa se hará cargo de nosotros. Ni que la empresa fuera Cáritas Diocesana, eso lo supe yo siempre, pero no había manera de discutirle nada el lunes a la pobre, y al día siguiente vino hecha unos zorros. Debió de ser por la noche cuando se dio cuenta de todo.

Tampoco entiendo la manía que le entra a todo el mundo, porque, tranquilos, no te preocupes, cuando preocuparse no es malo, es sólo eso, tener la mente pensando en algo importante, bien activa.

Y no como estoy yo, puesto que lo que tendría que hacer es precisamente preocuparme y no estar como estoy, que es pura inconsciencia. Sería muchísimo mejor empezar a darle vueltas a la situación desde hoy mismo y plantearse soluciones. Además, estar hoy día en el paro es como para preocuparse, no entiendo cómo todos se engañan con tanto circunloquio. Porque lo del despido no lo mencionó anoche nadie, ni el pelma de Nacho, que no parece haberse enterado de que los despidos dichosos están a la orden del día, no hago más que leerlo en los periódicos, y él nada, diciendo que todo es psicológico.

¿Qué tal te quedas?, fue todo cuanto me dijo Carlos, que es muy prudente y circunspecto. Bien, me quedo bien, le dije sin entrar en más explicaciones. Porque de quedarme bien nada. Me quedo hecha papilla, destruida, derrumbada, justo así me estoy quedando. Ya sé que se refería a la indemnización, pero me dio rabia, porque yo nunca he tenido un contrato de esos blindados que todos éstos tienen y prefiero hacer como que sí, que encima me voy a sentir más boba aún por no tener contrato de los buenos; ya me he lamentado yo solita bastante, y me muero de rabia de ser tan tonta, yo que me creía tan espabilada.

Ya me lo dijo el abogado amigo de Miguel, que tenía que haberlo planteado en su momento. ¡Cómo si fuera tan sencillo! Si le digo hace un par de años a José Antonio lo del contrato, él me hubiera contestado que qué pasa, si es que no confiaba en él, que a mí nunca me iba a pasar nada, como si lo oyera al muy hipócrita. La cosa es que no dije nada porque ni se me ocurrió, así soy yo de estúpida, ahora es muy fácil pensar tenía que haberlo hecho, pero entonces estaba yo en la gloria, y ni contrato ni despido ni nada. Pero me llevaré lo mío, pues llevo en esto muchos años y la cosa subirá un pico, por lo menos para no preocuparme por un tiempo. Además no me preocupo de nada en la situación en que estoy.

Lo que sí me molestó fue lo de mis tripas, parece que es la única zona de mi cuerpo que no se ha quedado atrofiada. Nada más levantarme de la mesa tuve que salir pitando al cuarto de baño, por poco no llego, todo líquido, sólido imposible ya que no había probado bocado. Creo que todo se debe a ese maldito café del lunes, porque desde entonces tengo el aparato digestivo hecho un laberinto. Ponzoña, estricnina concentrada, eso era el maldito café, me di cuenta enseguida, pero ya no había solución. Menuda urgencia me entró con el café, me agarré a él como a un clavo ardiendo, y pasan esas cosas.

Y luego, encima, lo de mis padres, eso sí que ha sido veneno en vena. Porque lo de los chicos es más normal, a pesar de que lo de esta noche por poco me hace perder definitivamente los nervios, y si Pepe me pidió el otro día lo del submarinismo, tiene un pase, que es aún un niño y no se da cuenta de nada y ya tendrá tiempo de sobras. De todas formas no le vendría mal abrir de vez en cuando sus ojos, que para algo los tiene. Pero lo de mis padres me ha dejado estupefacta, no sé dónde tienen ellos la cabeza ni el sentido común, no quiero pensar en ello ahora pero la cosa se me va a poner cruda. Hasta Javi se huele la situación y después de verme la cara hoy se ha quedado suave como la seda. Y si se ha ido por ahí, edad tiene de hacerlo, aunque yo me ponga como me pongo.

Pero mis padres no, podrían tener más fundamento. A consolarles iba yo como una perfecta imbécil, parece mentira. He tenido que escribirlo aquí mismo nada más llegar a casa, que si no luego no me lo creo. Ellos sí que están en el limbo y no yo, que después de todo me doy cuenta de las cosas y lo del limbo es no enterarse lo que se dice de nada.

SEGUNDA SEMANA

7

ESTUPENDA

No puedo seguir así. Me estoy comportando de forma disparatada. Igual que cuando me dejó Jorge. Totalmente fuera de quicio. Y realmente no tengo ninguna razón ni excusa. Que yo sepa nadie me ha abandonado ahora. Ni hay ninguna pécora como Alicia por medio.

El juicio, tengo que recuperar mi juicio y recobrar la sensatez. Es verdad: me han echado. Bueno, ni siquiera eso. Tan sólo me han cerrado la revista. Y como consecuencia me han despedido. Pero no porque estuvieran hartos de mí, ni porque yo sea una inútil. Debo dejar las cosas en su sitio. Si no, ¿para qué me sirve este diario? Me había propuesto escribirlo para intentar racionalizar la situación, para tenerla controlada. Y ahora resulta que se ha convertido en una especie de confesonario sin cura que me dé la absolución. En un sillón de psicoanalista sin profesional que me escuche ni me cobre. Ésa es la única ventaja. Porque mudo, este diario de carísimo papel reciclado es mudo como una piedra. Más aún que un psicoanalista. Y casi tan caro.

Tengo que poner orden en mis pensamientos. Trazarme un plan. Y tratar de contar aquí lo que me va ocurriendo. Nada de lanzarme como una desenfrenada a hablar para mí sola como si estuviera loca. No, tengo que reseñar los acontecimientos, como un notario. Exactamente igual que un notario. Objetivizar. Ayer, por ejemplo, fui por fin a casa de mis padres muerta de espanto, literalmente cagada de un miedo absolutamente irracional. ¿Y qué pasó? Pues que mis padres me dieron una lección de sensatez. Ninguna preocupación. Ninguna histeria. ¿Por qué? Pues porque son unas personas con los pies en la tierra, bien asentados. Y con experiencia. Mucha más experiencia que yo. Tú no tendrás problemas, hija, afirmaron muy contentos.

Y tienen razón. ¿Por qué voy a tener problemas? Mi currículum no sólo es abundante sino perfectamente envidiable. Además, generosamente diverso, como se requiere en estos tiempos. Y trabajadora lo soy sin duda. Ya lo he demostrado. Trabajadora y muy constante. Y lista también. Y agradable, que cuenta mucho. Conoces a todo el mundo, hija, ¿cómo vas a tener problemas?, añadieron. Ellos sí tienen sentido de la realidad.

A todo el mundo no. Pero sí a mucha gente. Que es a lo que se referían mis padres. A gente importante, a gente bien situada, la que importa. Sobre todo ahora. Claro, y los problemas esos que nombraban era el paro. Les molesta mucho tener que pronunciar esa maldita palabra. Paro. Parada. Además, de momento yo no estoy parada. Ni, por lo tanto, tengo problemas.

Tengo que ir a ritmo lento. Sin atropellos. Soy una precipitada. Tanto lío con lo de mis padres y luego nada. Tan tranquilos. Así va a ser todo. Pensar lo contrario sería un auténtico disparate.

Muy despacio, y con un pie tras otro, en línea recta. Como los borrachos. Pues no es ninguna tontería. Siguiendo una línea bien trazada. Porque un poco borracha estoy. Aunque sólo tenga en el cuerpo varios cafés y un par de canapés de Mallorca. Pero me comporto como una perfecta beoda. Así que mucha precaución con lo que hago.

El sábado, por ejemplo, estuve fatal. Absolutamente inoportuna, porque en la cena había gente que me podía interesar. Tenía que haber aprovechado para lucirme. Eso, haber soltado alguna de mis frases más brillantes, mostrarme como lo que soy, una mujer lista e ingeniosa. Pues nada. Me vino aquel sopor, luego la dichosa diarrea y fue un verdadero desastre. Y el domingo me pasé todo el santo día durmiendo. No sé de dónde me viene tanto sueño. Será de la depresión. Pero no tengo depresión, eso ni mentarlo.

En cambio, ayer por la noche estuve la mar de bien. No lo digo por lo de mis padres, que lo que es bien lo estuvieron ellos. Tan estupendos que me dejaron hecha polvo. Ni lástima ni nada sintieron. Ni pizca de conmiseración. Se mostraron incluso joviales. ¡Parece mentira con lo negros que han sido toda su vida! Por lo menos la vida que yo les conozco. Quizá de jóvenes fueran optimistas y dicharacheros. Pero en la madurez debieron de cambiar las tornas. La culpa quizá la tuvo la guerra, que a veces no me doy cuenta de nada. Y la dichosa posguerra, el hambre constante. Aquellos años debieron ser más oscuros que la pez.

Dejando de lado lo de mis padres, la verdad es que hice gala de una presencia de ánimo encomiable. Resulta que Javier, el mayor, me había dejado con Pepe, el menor, el recado de que no vendría a cenar. Así, sin más. Sin una explicación. Aprovechándose de que yo estaba fuera se las había pirado tan ricamente, teniendo clase al día siguiente. Con premeditación y alevosía, seguro, porque de lo contrario, bien podía haberme dado un telefonazo a casa de sus abuelos. ¡Cómo si no supiera que estaba yo allí! Pues parece que no lo sabía. Ni él, ni Pepe. Se habían quedado los dos muy concentrados delante de la televisión y no se habían enterado de nada. Cuando les dije que yo iba a salir, que iba a acercarme a casa de mis padres, y que si querían acompañarme les llevaba y les traía en coche, para dar facilidades, soltaron a dúo un gruñido poderoso que a cualquier persona le hubiera parecido indescifrable.

A mí no. Sé hace bastante tiempo, prácticamente desde que el mayor empezó a hablar, que tal sonido significa una negación en toda la regla cuando no una desaprobación profunda. Como continuación de su expresivo exabrupto, Javier farfulló algo así como que quería ver los resultados del fútbol. Por lo menos eso es lo que yo colegí después de hilvanar algunas de las palabras sueltas que conseguí cazar al lazo. Después de todo no me pareció extraño. Además, ¡bastante tenía yo con lo mío como para darle vueltas a nada! Obsesionada por cómo soltar a mis padres la infausta noticia, cogí las llaves del coche y me largué sin un ápice de sorpresa. Y al volver me encontré con aquella escapada.

Pepe, absorbida la mente y el cuerpo entero por las repeticiones de las mejores jugadas de la jornada, no sabía nada más que lo dicho: que su hermano no vendría a cenar. O bien no le daba la gana soltar prenda o era un idiota consumado. Daba igual. En ambos casos sus labios estaban sellados.

Tengo que decir que me sobrevino una desánimo aún mayor del que me había invadido en casa de mis padres. ¿Pero es que nadie se preocupaba por mí en esos momentos? ¿Dónde rayos estaba la piedad, la misericordia, obras todas ellas tan elogiadas y premiadas en mi infancia? ¿Dónde el sentido de la familia, la solidaridad de la tribu, el hacerse una piña? Ni rastro de tales sentimientos podía yo encontrar en mi caso. Por mucho que los buscara.

Sin peligro de ser subjetiva, considero que tales hechos

son como para hundir al más templado, para conmover los cimientos del edificio más sólido. Pues bien, yo mantuve el ánimo sereno, el espíritu alto, y me fui a la cocina a sacar de la nevera algunas cosas para cenar. Tuve incluso el buen tino de preparar una ensalada con aceitunas aliñadas, como a mi hijo Pepe le encantan, y de colocar preciosamente en el plato, bien alternados, varias clases de queso y jamón.

Ganas me dieron, lo confieso ahora que estoy sola, de tirar todo a la basura, de agarrar la botella de whisky y de irme directamente a la cama. Pero me sobrepuse. En realidad pensaba que mis padres nunca lo entenderían, ellos que se habían quedado tan tranquilos. Y que a mi hijo Pepe le importaría un pimiento lo que hiciera, porque en la nevera había una remesa de aceitunas suficiente para cubrir sus necesidades estomacales mientras contemplaba con sublime delectación meter y volver a meter a cámara lenta todos los goles del mundo. Así que, como digo, me sobrepuse y puse en el carrito la cena de dos dispuesta a compartirla con el mudo de mi hijo menor. Y a esperar al mayor.

Cenamos en silencio acompañados por los berridos de las gradas de toda España, recogí el carrito, metí los platos en el lavavajillas y pasé un trapo por la cocina. Como si no ocurriera nada. Como si fuera un domingo igual a los otros. Las once y media. Mi reloj marcaba las once y media y Javier sin aparecer. Noté que Pepe me lanzaba una mirada con el rabillo del ojo cuando yo observé la hora. ¿Ha dicho a qué hora iba a volver?, aproveché para interrogarle. Volvió a fijar los ojos en la televisión como si fueran clavos. ¿Quién?, contestó sagazmente al cabo de un largo minuto. ¿Cómo quién?, empecé a enfurecerme con todas las de la ley de mi parte, ¡pues tu hermano! No, que no venía a cenar.

Inútil hubiera sido descargar mi ira sobre mi hijo presente. De acuerdo. Pero no por inútil menos comprensible. Porque a esas alturas de la noche y de la semana estaba yo que no aguantaba un pelo más. Ni del canalla de mi hijo Javier, ni del hijo de su madre de mi señorito. Ni tampoco de los inconscientes de mis padres. Que justo eso eran. Unos malditos inconscientes.

Me di cuenta en ese momento preciso, mientras espiaba el sonido lejano del ascensor o el rumor de unos pasos en la escalera, que nunca se sabe por dónde sube a casa ese descerebrado hijo mío. Advertí en ese mismo instante que, sin haber detectado ruido alguno (¿vendría levitando?), la llave giraba en la puerta y entraba, exhibiendo una gran sonrisa, mi hijo Javier. ¡Las doce menos cuarto!, exclamé temblorosa de rabia y contemplando abiertamente mi reloj. ¡Hola, mamá!, me dijo él mientras me daba un beso repentinamente zalamero, haciendo caso omiso de mis alusiones horarias. Intenté calmarme, pero debo reconocer que el tono de mi voz sonó abiertamente atiplado cuando le pregunté: ¿Cómo es que has salido sin avisar? ¿No te lo ha dicho Pepe?, preguntó él a su vez poniendo cara de asombro. Me ha dicho que no venías a cenar, le dije sucintamente sin querer verme envuelta tontamente en una absurda conversación de interrogantes. Pues eso, ratificó él como si nada, añadiendo generosamente: Me llamó Carlos, diciéndome que había llegado de la playa y que a ver si íbamos al Burger.

¡De la playa y al Burger! Estas dos palabras empezaron a dar vueltas en el interior de mi cabeza como platillos volantes. De la playa y al Burger. ¡Qué se creían estos macacos que aún no habían cumplido los dieciocho años! Fue un instante larguísimo. Y crítico. A punto estuve de empezar a poner pingando a mis padres, por irresponsables, insensibles e inconscientes. A despotricar de todos los jóvenes que en el mundo son, empezando por mis hijos, por burros, frívolos y dilapidadores. A jurar contra mi señorito, por canalla, arbitrario e ineficaz. Al borde estuve de descomponerme en mil pedazos sólo de oír esas dos palabras. La sola mención del Burger desencadenó en mí un torrente de emociones más complicadas y sinuosas que las producidas por la histórica, literaria magdalena.

Y conste que no se debió únicamente a mi inquina personal hacia las hamburguesas esas americanas, inquina justificada por un calamitoso envenenamiento que me mantuvo tres días pegada a la cama y presa de espantosas pesadillas gastronómicas. No, era toda la frase, el contexto dichoso. ¿Acaso no es una provocación mencionar, de un solo tirón y encima como tonta excusa, la playa y el restaurante, aunque sea un repugnante Burger, a una recién parada? ¡Claro que lo es! Una provocación que se convierte en abierto hostigamiento si se considera que tales palabras salen de la boca del propio hijo de la desdichada en cuestión.

En realidad, ahora que estoy calmada puedo pensar más acertadamente en todo aquello. Y no puedo dejar aún de hacerme toda la serie de preguntas que se me agolparon entonces como fieros leones en mi mente. ¿Qué me quería decir mi hijo Javier con la provocativa frase? ¿Que él no había podido ir a la playa este fin de semana como su amigo Carlos? ¿Que por culpa de mi bien ganado despido él se había tenido que quedar en casa como si fuera un pobre pedigüeño en vez de probar otra vez la nueva tabla de surfing? ¿Que tampoco podría ir más al Burger a atiborrarse de veneno amalgamado y aplastado entre dos trozos desmigados de insípido bollazo?

Se comprenderá, entonces, que fue un momento decisivo en el que mis nervios estuvieron a punto de echar a perder la ponderación de que había hecho acopio y exhibición todo el día. Pues bien, tengo la satisfacción de poder escribir que mi comportamiento fue absolutamente impecable. Nada de gritos. Nada de exabruptos. Nada de justificados juramentos. Nada de recordarle que mañana tenía clase. Nada de reproches mezquinos sobre las últimas notas y mira que lo tenía en bandeja. Nada de nada. ¡Claro, Javier!, le dije en el más neutro de los tonos. Y rematé: ¡No pasa nada! Ahora vete a la cama, tu hermano y yo estábamos a punto de hacerlo. Buenas noches.

Como una reina. Con el corazón enano y encogido, y la indignación saliéndome por los ojos, pero quedé como una reina. Ayer no, porque estaba demasiado enrabiada para poder sentir nada bueno, pero hoy me encuentro satisfecha de mi actuación. Tranquila, calmada. Es la única forma de encontrar trabajo. Si pierdo los nervios soy capaz de contar en mi primera entrevista la escapada de mi hijo, mi envenenamiento en el Burger, lo de la tabla de surf y lo arruino todo.

Mañana será un día magnífico. Hoy ha sido un espanto y no quiero ni contarlo de lo absurdo que ha sido todo; horas y horas delante de mi mesa como una inútil plañidera. Pero ahora me siento ya estupendamente. Lo que tengo que hacer en cuanto llegue al despacho es empezar a hacer llamadas, porque todavía no he empezado a sondear un nuevo trabajo. Eso es lo que haré. Una lista de personas para empezar la búsqueda.

8

LAS LLAMADAS

Lo principal es estar serena y hacer una lista totalmente exhaustiva. Y luego, acto seguido, me pongo a hacer las llamadas. Eso es. En el cuaderno viejo no, que me va a traer mala suerte. La verdad es que le tengo cariño a este bloc tan grande con su lomo de espiral. Siempre quise tener uno así en el colegio, pero allí todos tenían que ser iguales. Creo recordar que comprábamos el material escolar, libros, cuadernos y blocs en el mismo colegio, justo unos días antes de comenzar el curso. Ahora que lo pienso quizá las monjas hacían un pequeño negocio con esa tienda clandestina. Porque lo que es seguro es que no la tenían declarada. Pero ¡qué estoy pensando! ¡Qué importarán ahora las monjas y sus secretos beneficios comerciales! A hacer la lista con serenidad y a empezar las llamadas. Ésa es mi primera tarea.

O sea que rechazo el cuaderno grande en el que apuntaba todas las cosas de la revista. ¿Y qué hago? ¿Dónde la escribo? ¡Ya está! Llamaré a mi secretaria para que me consiga uno nuevo. Y más pequeño. Como los del colegio. Bueno igual, igual, no, pero parecido. Seguro que Sagrario me lo soluciona todo. Porque aún tengo a mi secretaria. ¡No faltaría más! No se han atrevido a quitármela mientras yo esté aún aquí, ocupando mi mesa.

Se me acaba de ocurrir una idea, ¡eso es!, me voy a quedar aquí bien quietecita, pegada a la silla como si me hubiera untado con pegamín, encerrada en el despacho. Seguro que no se atreven a echarme si me ven agarrada a la mesa. Y muda. Me voy a quedar muda e inmóvil. Puedo simular incluso que me ha dado un patatús y no me puedo mover, ni hablar, ni nada. Pensarán que me he quedado paralítica del susto y no tendrán el cuajo de quitarme de en medio así como así.

Pero sí lo tendrán. ¡Vaya si lo tendrán! A escobazos me va echar el hijo de perra de Luis Miguel, que es un baboso de mucho cuidado. Haría cualquier cosa para que el señorito estuviera contento.

Pero ¿qué estoy diciendo? La lista, tengo que hacer la lista y dejarme de divagar como una loca, pues parece que esté loca perdida. Sagrario, eso era, Sagrario me iba a traer el cuaderno. Pero se lo he de decir, que no es una adivina. Buena chica sí, agradable y muy simpática. Ni un pelo de tonta. Nada, la llamo y se lo pido. ¡Ahora no está en su sitio! Nada, venga a llamarle por el teléfono y desaparecida. ¿Qué iba yo a esperar? ¿Que estuviera besando el suelo por el que piso, después de que he hundido miserablemente la revista y de paso arruinado su puesto de trabajo? Seguro que Sagrario estará haciendo en estos momentos su propia lista. Porque rápida lo es un rato la chica. Ya la tendrá casi terminada. Y a lo mejor hasta habrá empezado a hacer llamadas.

Comunica. No me he equivocado. Ha empezado a buscar trabajo mucho antes de que yo empezara a escribir mi famosa lista. No, si ya veía yo que era un poco larga la Sagrario esa. Me venía mirando con el ojo torcido desde hacía bastante tiempo. Hace dos semanas, antes de que ocurriera esta desgracia, ya me dijo una tarde que no podía quedarse hasta que yo me fuera, que se encontraba un poco mal y con un fuerte dolor de cabeza. Estoy convencida de que se olía algo.

Las secretarias siempre lo saben todo, las muy perras. No sé cómo se las arreglan, pero se enteran de todo las primeras. No sólo de los ligues de todo el mundo, que parece que pusieran ellas la cama, sino del menor movimiento que se produce en cualquiera de los pisos. A lo mejor había oído antes algo y no me dijo nada ¡la muy lagarta! Seguro que lleva buscando trabajo desde hacía tiempo.

Pero no le va a resultar fácil. Trabajadora es trabajadora, aunque tampoco un genio, y desde luego lenta lo es a conciencia, parece que lo hace adrede. Y lo hará, ¡claro que lo hará! ¡Hola, Sagrario! Sí, era yo la que llamaba antes, ¿en el lavabo?, ¡claro que puedes ir al lavabo! Es más, yo me paso últimamente el día entero en el lavabo, sobre todo siempre que llaman, y aún sigo viva. No, no te preocupes, no me hagas mucho caso, no digo más que tonterías. En realidad quería un cuaderno nuevo. Sí, para hacer la lista de las llamadas que tengo que hacer. ¿Para qué? Pues para buscar trabajo, hija, ¡para qué voy a querer coger el teléfono más que para hacer una batida a la desesperada!

¡Pobre Sagrario! Se ha ido a escape un poco atontolinada y no ha tardado ni tres segundos en traerme el bloc nuevo. Justo el que yo quería. ¿Cómo lo habrá podido adivinar? Tamaño cuartilla, con la espiral en el lomo, a la manera de un cuaderno, que es justo como a mí me gusta, y con las tapas azules, igualito al del colegio. Además me ha sonreído amabilísima y se ha ofrecido a hacerme todas las llamadas.

Es mejor que las haga yo, me ha señalado muy astutamente. Y con toda la razón del mundo. Sin duda llamar para buscar trabajo con secretaria propia me dará muchísima más prestancia que hacerlo por mí misma. Eso desde luego.

Si llamo yo directamente se me pondrá temblorosa la voz y seguro que me dicen que la persona que busco está reunida. Me lo asegurará con mucho aplomo la otra secretaria que notará de inmediato que la persona que llama ya no tiene la suya. Y me condenará sin más preámbulos al horrible saco de la reunión permanente.

¡Ni hablar! Le pediré a Sagrario que me haga las llamadas. Ellas se reconocen entre sí y se amparan mutuamente. No se qué clave utilizan para identificarse, pero desde luego alguna tienen. ¡Hola, cielo!, le oigo saludar a Sagrario con todo amor a una secretaria que acaba de descolgarle el teléfono. Lo curioso del caso es que he comprobado que la lejana interlocutora, lejos de enfadarse o de soltarle un adecuado ¡tú qué te has creído, mona!, le contesta ¿qué quieres encanto?, y a continuación se ponen a resolver la cuestión que les ocupa tan ricamente. Y con toda eficacia.

De verdad, son estupendas. No como yo, que balbuceo como una subnormal profunda cada vez que tengo que hacer una llamada por mí misma. Y mucho más lo haré en estas condiciones. Estoy viendo que se me cae la baba por la comisura de los labios sólo de pensarlo. Sobre todo sabiendo que voy de postulante y de buscona. Que he pasado a engrosar esa nutrida y desagradable lista de insoportables parados que marcan teléfono tras teléfono como si fuera el dichoso número ése de la esperanza.

Hablando de lista, tengo que confeccionar la mía. Bueno la mía no. La de los otros. Realmente no sé por dónde empezar. Puedo hacer dos listas. Una, la de los amigos bien situados. Otra, la de las personas que he ido conociendo en los distintos trabajos. Esta última más profesional. Bueno, profesionales son las dos, pues tampoco se trata de quedar a tomar unas copas. Las puedo hacer paralelas. Es lo mejor. A la izquierda los amigos, a la derecha sólo los conocidos. Con rotulador rojo, para que resalten bien en la página. No, mejor con lápiz, así los voy tachando en rojo a medida que los vaya llamando. Además, esos lápices de plástico con mina y goma en la otra punta que siempre uso me traen buena suerte. ¡Cómo buena suerte! Sigo en la mismísima inopia, sin darme cuenta aún de lo que me ha sucedido. ¡Buena suerte! No me traen más que desgracias. ¡A la papelera con ellos! ¡A derrochar que aún puedo! ¡A favorecer el consumo que es lo que hace falta en este maldito país!

Más lápices, Sagrario, quiero otros lápices que no sean de plástico, ni tengan mina, ni goma de borrar ni nada de nada. Que sean sólo lápices. De madera, a ser posible Faber, como los del colegio. ¡Y dale con el colegio!, pues mira que me ha dado hoy por echar mano de mi infancia. Todo con tal de no hacer la lista. Tontamente llevo ya media mañana perdida. ¿Perdida? ¿De qué? ¿Qué es lo que me estoy perdiendo? Lo que he perdido irremediablemente es la revista y el trabajo. Y eso ya no tiene arreglo. Así, que si pierdo el tiempo, que lo pierda.

De todas maneras tengo que hacer la lista. Ayer lo decidí muy seriamente y no puedo empezar a echarme atrás sólo porque no tengo un lápiz. En cuanto me lo traiga Sagrario me pongo a ello y antes de irme a comer la tendré ya escrita. Y por la tarde empiezo las llamadas. No voy a hacerlas a la ligera, sin planificar la secuencia ni las prioridades, de manera precipitada. En realidad sólo llevo una semana y un día despedida.

Bien pensado, ni eso. Porque a ver, despedida, lo que se dice despedida, no estoy. Si no, ¿cómo es que estoy sentada aquí en mi despacho? No, de momento estoy bien y voy a venir todos los días aquí como si no hubiera pasado nada. Conviene mantener la calma, porque de otro modo los nervios acabarán jugándome una mala pasada. Calma, eso es, mucha calma. Estoy delante de mi mesa y esperando un lápiz. Eso es todo. En cuanto tenga el lápiz hago la lista de corrido y la dejo bien preparadita para más tarde. Ya viene. Muchas gracias, Sagrario. Sí, justo el que quería. Muchas gracias.

¿Cómo demonios sabía esta chica que precisamente ése, y no otro cualquiera, era el lápiz que yo estaba necesitando? Es que no lo puedo entender. Nunca había acertado tanto. ¿Lo hará adrede? ¡Mira lo que te vas a perder! Eso es lo que quiere decirme con tanta amabilidad y tanto acierto. ¡Perder! Otra vez la dichosa palabra. Perderla a ella, perder el trabajo. Perdida sobre todo yo, que eso es lo que estoy, rematadamente perdida. Pero ahora con el lápiz nuevo voy a hacer la lista de un tirón. A la izquierda, los amigos. A la derecha, sólo los conocidos. ¡Qué bien escribe! Realmente ha afilado la punta en su medida más precisa. ¡Qué hábil es Sagrario! ¡Y qué lista! Nunca había pensado que afilara tan bien los lápices.

Bueno, vamos a ver. ¿A quién pongo el primero? En este lado a Luis. Así está muy bien. Luis me aprecia mucho, de eso estoy segura. Lo que pasa es que no sé, yo creo que piensa que soy una mujer divertida y, además, animada, estupenda para pasar una tarde o tomar una copa, pero para el trabajo... Sí, creo que sí, él sabe que soy muy decidida y capaz de organizar lo que haga falta. Pero quizá lo mejor sería poner en primer lugar a Félix. Él sí me ha conocido profesionalmente, aunque luego nos hayamos convertido en buenos amigos. Lo que ocurre es que en estos momentos está en un banco. En un puesto estupendo, eso sí, pero en un banco. ¿Y qué rayos hago yo en un banco? Bueno, tampoco se trata de que me dé un trabajo, eso ya se lo dejaré yo muy claro. No tengo tanta prisa. Y desde luego en un banco ni para flores. Tengo que encontrar algo que me guste. Algo que tenga que ver con lo mío. Los viajes, escribir, o incluso cualquier otra revista especializada. Porque periódicos no, eso ni hablar. Y nada de periodismo político, por descontado. El banco tampoco. Pero a Félix le llamo.

En realidad no pierdo nada. Le llamo y le cuento lo que me ha pasado, eso sí, con mucha calma, sin urgencias de ningún tipo. Y a Luis lo pongo en segundo lugar. Ya está.

Ahora otro nombre en la lista de la derecha. Eso se pone más difícil. Vamos a ver. Puedo intentar con el presidente de Rutplan. Siempre me he llevado bien con él y de hecho me debe varios favores. ¿Qué favores? ¿Cuántos favores? ¿Tantos como para ofrecerme un buen trabajo? No, tranquila, en realidad no se trata de eso, sino de contarle mi situación, sin darle mucha importancia. Y descolgarme con que estoy planteándome trabajar en la industria turística. Pero ¿es que me lo estoy planteando? Bueno, ¿por qué no? ¿Acaso tiene algo de malo? ¿Malo? ¡Para tonterías de ésas estoy! ¡Que si bueno que si malo! ¿Qué es malo? ¿Venderme a los mayoristas? ¿Y por qué me voy a tener que vender? Sólo estoy pensando en trabajar para uno de ellos. Para el que sea. No, para el que sea no, porque los hay finos. ¿Y qué pagarán? Porque si no me pagan una buena pasta, no acepto. ¡Pero qué demonios voy a aceptar! Si es que no me han ofrecido nada. Ni tan siquiera he hablado con el tipo ése. Rafael Casanova, lo apunto en la columna de la derecha. Por si acaso.

Ahora más. ¿Quién más? No se me ocurre nadie. Es que no existe nadie. ¡Qué espanto! Acabo de caer en la cuenta de que no me acuerdo de nada ni de nadie. De pronto no conozco a nadie. Y la cosa es que siempre he conocido a mucha gente. Pues ahora no me sirve de nada. Blanco, estoy en blanco. Se me ha hecho un vacío total en la memoria. ¡Y si fuera tan sólo en la memoria! Toda mi cabeza está hueca. Pura cáscara. Así está. Una cáscara, además, en estado verdaderamente lamentable. Arrugada y descolorida. No puedo seguir así. ¡Y este maldito lápiz! Con el trazo tan grueso que tiene no voy a conseguir apuntar nada. Quizá lo lógico sería consultar la agenda. Eso, la agenda me dará la clave.

Tranquila, muy tranquila. Lo que no debo hacer es perder los nervios, que ya los he perdido bastante. Y a mí los nervios nunca me han fallado. Otro cigarrillo, que por uno más no pasa nada. Sólo he fumado tres esta mañana. Y en cuanto encuentre trabajo lo dejo. ¡Claro que lo dejo! ¿No lo había dejado ya? Pues lo hago. Lo decido y lo hago. Pero ya quedé el otro día en que tengo que darme un plazo. Es importante conservar la calma. Y darse plazos. No aturrullarse. No forzar las situaciones. La agenda. La clave está en la agenda. La repaso bien repasada y voy apuntando todos los nombres en su columna correspondiente. Y muy tranquila.

¿Dónde está la agenda? Sagrario, la tiene Sagrario. Porque la mía particular no me sirve de nada. Allí están sólo los íntimos. Debería revisarla también. Nunca se sabe. A lo mejor me da alguna idea. Justo lo que necesito. Pero es la otra la que debo consultar ahora. ¡Maldita secretaria la mía! ¡Bien agarrada me tiene! ¡Sagrario! Pero ¿qué hago? Llamándola a puro grito. Van a pensar todos que estoy histérica. Y eso sí que no. Con los nervios no se juega. Por el teléfono. Se la pido y ya está. Pero ¿qué digo? ¿No es mi secretaria? Pues que la haga ella, ya que es tan rápida y tan dispuesta. Vamos a ver, ¿por qué razón tengo yo que hacer la lista si tengo a mi disposición una secretaria? El teléfono, no lo olvides. Sagrario, por favor, ¿puedes venir un momento? Sí, gracias. Ya viene, y tiene un tono de voz estupendo. No sé cómo lo hace la muy condenada. Hola, sí, mira, es por la lista. Yo tengo ahora una comida y es para que te encargues tú de hacerla. Sí, sí, por la tarde, no pasa nada. Hasta luego y gracias.

Mañana. Empiezo a llamar mañana. ¡Y que se fastidien

los planes, los plazos y los programas! ¡Que se enrabie de paso Luis Miguel, que me va a ver llamar como una loca desde las nueve en punto. ¡Con lo que le irrita que usemos a todas horas el teléfono! Llamar y consumir a toda pastilla. ¡Y que reviente además la dichosa lista!

9

EL GIMNASIO

Acabé haciendo la lista. En realidad no era nada del otro mundo. Y si no la hice por la mañana fue porque no lo intenté en serio. La cosa no tenía complicación ninguna. Únicamente había que ponerse y la cosa salía por sí sola. Consultar la agenda, mirar bien y apuntar los nombres correspondientes a la derecha y a la izquierda.

Eso Sagrario lo hace estupendamente. Lo de apuntar, claro. Además, así se siente útil para algo, que bien lo necesita. No sabe qué hacer ahora. Sólo ordenar papeles como una loca y echarse a llorar de vez en cuando; no sabe lo que me llega a irritar. Echarse a llorar es justo lo que no se puede hacer en estos momentos, y ella dale que te pego, enseguida le sale la lagrimita, tiene los ojos ya acuosos de puro predispuestos. A ratos no, a ratos está como un cascabel, tampoco entiendo yo esas alegrías. Y resulta más eficaz que en toda su vida, lo cual me llena de rabia. Justo ahora que tanta eficacia no sirve ya para nada. En fin, la lista salió adelante, y en eso tengo que reconocer que Sagrario estuvo de lo más colaboradora y práctica. Nada de cuadernos, me dijo, y me pasó a limpio, muy bien escritos en su máquina, todos los nombres y teléfonos.

Lo de las llamadas es harina de otro costal. ¿Empezamos?, me lanzó ella nada más entregarme el folio en cuestión. ¿Ahora?, le contesté yo horrorizada. Claro, lo mejor es que nos pongamos a ello cuanto antes, me enmendó con toda impertinencia la plana. Y se quedó tan pancha esperando mi asentimiento. ¡No te fastidia! ¡Para ella las cosas son muy sencillas! Buenos días, ¿me puede poner con el señor Fajardo? Sí, muchas gracias. Buenos días, señor Fajardo, le paso ahora mismo con la señora Mata. Y ya está. Me pasa la llamada y se queda tan fresca. ¡Así quiere ella empezar enseguida! ¿Y yo qué? ¿Qué demonios le digo al señor Fajardo? ¿Que estoy hundida en la miseria, que el suelo ha retemblado tres apocalípticas veces bajo mis sudorosos y cansados pies, que necesito pagar las horribles letras de la casa de Zahara de los Atunes, que en realidad lo que más desearía en el mundo es meterme en la cama y dormir como una morsa durante meses y aun años?

¡Maldito Fajardo de las narices! Ni con él ni con nadie quiero hablar. Ni ahora ni nunca. Y la espabilada de Sagrario empeñada en empezar con las llamadas ahora mismo. Para acabar antes. Para quitarse el muerto de encima. Me negué en rotundo. Imposible hacer todo el mismo día. No es ni bueno ni oportuno. Plazos. Hay que darse benéficos, tranquilizadores plazos. Y en ese momento decidí venirme a casa.

Aquí no hay nadie. Son las cinco y media de la tarde y la casa está desierta y extraña. Black se ha quedado de una pieza al oír girar la llave y se ha puesto a ladrar como un loco. ¡Ése sí que no se entera! En estos momentos le tengo una envidia que me muero. Se ha venido conmigo hasta mi sala y está inmóvil en la puerta como siempre hace, el muy condenado, que odia mi ordenador y todo lo que huela a trabajo. Porque vago lo es un rato largo, no hace otra cosa en la vida más que dormir y comer, y correr de vez en cuando algo, pero enseguida se cansa, se diría que nació agotado. Y lo que es mi habitación ni husmearla. Al dormitorio bien que entra, el muy sinvergüenza, pero aquí nada de nada. Se queda en la misma puerta, o en el pasillo, para vigilarme por si acaso me da por salir, para no perderse la calle, que es un perfecto cotilla. La música le encanta. Pero no pienso ponérsela. No va a estar él tan contento y yo hecha mierda. ¡No faltaría más! Silencio total, y al diario.

¡Qué lento pasa el tiempo en esta casa! Por no oírse, ni siquiera se adivinan los ruidos de la calle, ya me encargué yo de instalar estas ventanas de PVC y dobles cristales. ¡Maldita la falta que me hace a mí este aislamiento! Voy a abrirlas de par en par aunque me hiele. Y el teléfono. ¿No estará estropeado? Nada, funciona la mar de bien. Puedo llamar a Miguel, para charlar un rato. ¡Ni hablar! Es capaz de pensar que no puedo vivir sin él. Y puedo, ¡claro que puedo! Sin él y sin nadie. Así estoy estupendamente, con toda la casa para mí sola y en perfecta tranquilidad. Con el reposo necesario para planificar todo lo que tengo que hacer estos días y apuntarlo muy clarito en mi diario. Mañana empiezo con la lista y hago los primeros contactos. Hoy me acuesto temprano, después de una cena bien ligera, a base de espinacas y ensalada de berros, con un solo vaso de vino que me sentará divinamente, y me despierto despejada, con la mente clara y el ingenio agudizado.

¡Pues claro que sí! ¿Acaso no tengo yo una buena cabeza? ¿Es que he llegado a donde he llegado por mi cara bonita? No, eso evidentemente no, que guapa nunca lo he sido, aunque después de un buen arreglo resulte atractiva. Pero guapa nunca, eso lo sé de sobras. ¡Ni falta que me ha hecho! Cabeza mucha, y rapidez mental, que es muy importante. Y una memoria de auténtico caballo, no hay cosa que se me escape ni asunto que no recuerde en el momento adecuado. Pues a lo que vamos, mañana, con mis facultades recuperadas, me lanzo en picado sobre esos pobres inocentes que no esperan mi canibalesca llamada. ¡Inocentes ellos! Realmente estoy desvariando. De inocentes no tiene ninguno ni un pelo. Un poco bobalicón sí que es Fajardo. Y Torres ligeramente idiota. Por no hablar de Paco Ramos, ¡ése sí que es de baba! Habla y habla como un loro escuchándose a sí mismo y con la única y chocante habilidad de no decir absolutamente nada. Cerebro no tiene un gramo, pero de inocente ni un pelo de su estúpido bigote.

¡Y ahí los tienes, Isabel! Delante de tus narices, refrotándote directamente tus lindos morros. Bien atrincherados en sus fantásticos puestos. Y más tontos que Abundio. Y yo en la puñetera calle. ¡Hala! ¡A la puta acera, con tus bártulos, tu agenda, tus archivos, tu espléndida cabeza, tu hermosa casa de la playa hipotecada y con un par de becerros inútiles! Y Black moviendo la cola, parece que lo hace con recochineo. De verdad los odio a todos, a Torres, a Fajardo, al imbécil de Ramos, a la casa y a los niños. Por listos, por mantenerse en su repugnante trabajo, no tienen conciencia, con la crisis que hay. Y que yo sepa, el atontolinado de Torres tiene, además, dos consejos, no sé de qué puede asesorar el muy pasmado, pues es más lento de reflejos que una vaca embarazada.

¡Y a mí qué demonios me importan los dichosos consejos de Torres! Mañana le llamo y punto. Y ahora a mis cosas, que no hay manera de que me centre. Desde luego el régimen voy a seguirlo, porque diga lo que diga mi madre me sienta la mar de bien. Mucha verdura, mucha fruta, y mucha ensalada. Y nada de bichos muertos. Si acaso algo de pescado, que eso es tan ligero casi como las judías verdes. Las grasas, prohibidas. Y el pan, poco y siempre integral. Tengo que seguirlo a rajatabla, no vaya a ser que encima de parada me convierta en una apestosa gorda. Y tendencia ya tengo, ya. En cuanto me descuido se me ponen unas chichas en las caderas que parezco la diosa de la fertilidad. Y la tripa, la tripa hay que vigilarla de cerca, que tiene una tendencia a hincharse absolutamente desmedida.

Y eso sí que no, por eso no voy a pasar, porque con esto de las angustias y de intentar darme algún gusto resulta que estoy comiendo carne en salsa como una posesa. Y pan a quintales, que es lo que más me gusta de todo. No sé por qué, pero realmente es que me chifla. Me comería una barra entera, sobre todo de esas chapatas grandes. Enterita, y sin nada dentro. A mordiscos. Por cierto, debe haber una en la caja, junto al microondas. Le encargué a Rosi que me la trajera. Pero no, ahora no. Acabo de decir que ni hablar de probar el pan. Lo dejo para los niños. En todo caso en la cena también me tomo yo una esquina. No, no, de eso nada. Y ahora menos.

A seguir. Lo demás, vida normal, que aquí no ha pasado nada. Han cerrado la revista, me he quedado sin trabajo, busco otro y ya está. Asunto solucionado. ¡Pues ni que no hubiera otras revistas en el mundo más que la mía! ¡Y mejores! Bueno, mejores no, tampoco hay que pasarse. Pero otras sí. El problema es que todas tienen su correspondiente director y maldita la falta que les hago yo. Pues les asesino y resuelvo la situación. Elijo la revista que más me guste y me dedico a planificar la muerte de su director. Total, no tengo otra cosa en qué ocuparme. El asunto es hacerlo con toda minuciosidad y aferrando bien todos los hilos. Luego, ¡zas!, se le mata: asunto concluido y puesto libre.

Pero ¡qué barbaridad! ¡No se me ocurre ahora otra cosa mejor que dedicarme al asesinato de directores! ¡Seré bestia! ¡Si no hace falta asesinar a nadie! ¡Encontraré trabajo y no se hable más! Los viernes, como siempre, a cenar fuera. Y los sábados a casa de algún amigo. Y de vez en cuando a pasar el fin de semana a Zahara, porque todavía tengo allí la casa. Y la tendré, ¡vaya si la tendré! ¡Con lo que me gusta a mí esa casa! Justo delante de la bahía, en aquella urbanización escondida que descubrí un verano hace ahora diez años. Ése fue mi gran triunfo, conseguir la casa, con la terraza sobre el mar y el jardín mirando a la colina. No la suelto por nada del mundo.

El régimen sí, que es primera necesidad. Y una forma de mantener la disciplina, que buena falta me hace en estos momentos de desvarío.

Y ¿qué hago con el gimnasio? No, al gimnasio ni hablar de volver. Al menos por ahora, me dan mareos sólo de pensarlo. Hola, Isabel, ¿cómo estamos? me dirá Vicky, la de la recepción, nada más verme. Con ese tonillo odioso de alegría que tiene. Seguro que se ha enterado de todo, la muy lagarta. ¡Pues no faltaba más! De la pura rabia que me entra me dan ganas de partirle la cara. Se lo habrá contado ya Pepe, el director del semanal, que no se pierde su partido de squash ni aunque se hunda el mundo y él tenga que levantar media revista. Con pelos y señales. Está desolada, le habrá comentado haciéndose el caritativo, que menudo es él. Se le nota malísima cara, ya sabes como son estas cosas, se explayará haciéndose el contrito y aprovechando para sobarle un poco el culo, que no pierde ocasión el muy rijoso. Me he encontrado con él esta mañana y no ha podido disimularlo: está encantado de la vida, el muy hijo de perra, no podía verme ni en pintura, y encargaba todos los artículos de viajes al más manta del mercado con tal de no contar conmigo. Y Vicky le seguirá el juego: claro, pobre. Cuando ni claro ni pobre, que no tiene ni idea de cómo son estas cosas, ni tiene por qué, ya que es una simple recepcionista y además insultantemente joven, no debe llegar ni a veinticinco años, la muy estúpida.

No sé cómo personas de esa edad pueden tener trabajo, con tanta gente con kilos de experiencia en el cochino paro.

No pienso darle el gusto de contemplar mi cara amarilla y mi cuerpo rígido; parezco una auténtica tullida, con tanto disgusto que llevo encima. Ni a ella ni a las demás.

Porque se lo habrá contado a todas ya, que esas cosas corren como la pólvora. Se habrán formado corrillos por todas partes. Imagino perfectamente sus susurros y sus risas. Como comadrejas. Lo habrán comentado en los vestuarios y en las máquinas, en las duchas y en la sauna. Hasta las paredes estarán al tanto de todo. Y en la cafetería de al lado también, seguro. Tiempo les habrá faltado. ¿Sabes lo de Isabel Mata? ¡Está en la calle! Sí, sí, en la mismísima calle, sin trabajo. Pero ¡cómo! ¿No te has enterado? Han cerrado *El Viajero*, sí la revista que ella dirigía. No, no la han metido en ninguna otra. Sí, muchísimo tiempo, llevaba más de diez años. Y en la empresa aún llevaba más. Pues nada. Está en calle. Y se les escapará una risita nerviosa, de puro gusto, las muy canallas.

Ellas que se hacían las simpáticas conmigo. Vicky, en la entrada, Laura, en el aeróbic, Juani, en las máquinas, Amaya, en la zona del *jacuzzi*, las saunas y los rayos UVA. Estás estupenda Isabel, me repetía sin parar Juani, ahora otro rato en la bicicleta, pero a más velocidad, que tú sí puedes. Venga, ahora a correr un rato sobre la cinta, no seas vaga, seguía dándome marcha. Y más tarde a las pesas, y al aparato de abdominales, que ése sí que me hacía falta. Nada, nada, me decía la muy hipócrita, tienes la tripa lisa, pero hay que estar vigilante siempre.

Estar vigilante siempre, ésa era su frase favorita. Vigilante. Así tenía que haber estado yo y no me habría pasado nada de esto. Con los ojos bien abiertos y el oído alerta. Seguro que habría captado algún indicio de la situación, que me habría dado cuenta de las maniobras de José Antonio para deshacerse de la revista y de mí, todo de un solo golpe. Al menos hubiera estado sobre aviso. Incluso podría haber tenido algún margen de maniobra. Y no como lo que me ha pasado. A tiro hecho. Tenía que haber seguido los consejos de la tonta de Juani. Vigilante.

Pero no. Arriba y abajo, abajo y otra vez arriba. Los abdominales aquellos me embotaban la mente de la manera más estúpida. Tanto pensar en la tripa, en corregir la más suave ondulación. Uno, dos, uno, dos, uno, dos, así hasta cien. Venga, Isabel, con más garbo. Y yo sonriéndole como una perfecta idiota mientras todos los músculos se me partían en dos y aun en tres pedazos, uno, dos, y siguiendo sus instrucciones para conseguir el vientre más duro y firme de todo el gimnasio. Uno, dos. Era lo peor de todo, el aparato de los abdominales. Y la alegría permanente de Juani, que no sé qué razones tiene para estar todo el santo día tan contenta. Trabajo tiene, eso sí, pero debe ganar cuatro duros después de tanto hacer sudar a los demás. Porque ahora que lo pienso ella nunca. Estaba tan tiesecita, con sus mallas rosa chicle, que ya no se llevan nada por cierto, y su alegría permanente. Y muy quieta, sin mover un puto abdominal. De eso estaría tan contenta, de no tener que hacer abdominales.

Sobre todo de que yo los hiciera. Venga, Isabel, hasta cien, repetía la muy perversa. ¡Ya podía estar encantada de la vida! Una sádica, eso es lo que es la dichosa Juani, con su carita de mosquita muerta. ¡Ahora me iba a obligar a mí a hacer abdominales! ¡Que los haga ella! Seguro que revienta. No, si me tenía a mí comido el coco con la vigilancia esa. Para que luego estuviera ciega ante la que se me estaba avecinando. Todo por pensar demasiado en los músculos, que aquello no podía conducir a nada bueno.

En eso, todo hay que reconocerlo, mi madre tenía toda la razón. Vas demasiado al gimnasio, Isabel, me repetía sin cesar. Y yo sin hacerle caso, erre que erre con los abdominales, las carreras sobre la cinta y los pedaleos de la bicicleta. Mira que es una memez sudar tanto para no llegar a nada. No se hable más. No volveré al gimnasio. Ni soportaré las caras de conmiseración de Conchi, Laura, Juani y Amaya. ¡Ya pueden esperar sentadas! Y mi tripa a freír espárragos, que para poco me ha servido en este trance. Porque ¿alguien tomó en consideración la tersura, la firmeza de mi hermoso vientre antes de tomar la fatal decisión? Ni mirarla, el señorito no se dignó ni mirarla. Y si me la llega a mirar, entonces sí que le parto la cara.

Así que a la mierda con los abdominales, y con esa cinta estúpida que se mueve exasperada. Yo me voy a quedar quieta. Inmóvil como Juani, la muy lista. A ver si se me pega algo de su estúpida cara de eterna satisfecha.

10

APESTADA

Tonta, me he vuelto tonta. Lo he descubierto esta mañana. La radio despertador ha sonado como siempre a las ocho en punto, a tiempo de emitir las noticias. España a las ocho. A las ocho de qué. De dónde. No sabía qué día era, ni en qué lugar estaba. La claridad iluminaba ya todos los rincones de mi dormitorio y yo nada, sin poder comprender nada. Ni siquiera la voz del locutor que es ya como de la familia. Todas las noticias, una tras otra, y yo seguía en lo mismo, pegada al colchón, incapaz de moverme un solo milímetro. Totalmente aterrorizada. Sometida a una brutal parálisis. Sólo al comenzar la información deportiva he empezado a reconocer la cama, las ventanas, el tocador, el rincón con la butaca.

Eso es lo que más me ha escamado, porque a mí el deporte me ha importado siempre un rábano. Y con el furor futbolístico de Pepe aún me trae esa historia más al pairo. Por mí como si el Madrid va el último de la liga y todo el barrio se derrumba de rabia. Pues eso. Lo chocante del caso es que ha sido justo con el asunto ese de los goles semanales cuando he empezado a darme cuenta de que el lugar donde estaba era mi propio dormitorio y que me encontraba en mi propia casa. ¡Qué tranquilidad me ha entrado! ¡Qué felicidad identificar objeto por objeto, el espacio entero! ¡No es de extrañar que me diera escalofríos despertar en una cama desconocida!

¿Cuánto tardé en reaccionar? ¿Cuánto en poder distinguir la rcalidad que me rodeaba? Me he quedado inmediatamente espantada. Tonta, me estoy volviendo tonta. Mi cabeza se está oxidando a marchas forzadas. No hila una. No relaciona. Sigue espesa y enredada como un estropajo.

No ha sido más que el comienzo. Una vez dentro de la ducha he caído en la cuenta de mi verdadera situación. ¿Cómo es que no pude recordarlo antes? En la calle, estoy en la calle. Ni un mal sueño, ni una pesadilla, ni la película de anoche en la tele. Yo, Isabel Mata, estoy sin trabajo. ¿Qué haces? Nada. ¿A qué te dedicas? A nada, absolutamente a nada. ¡Qué silencio más estremecedor iban a producir mis respuestas! Porque la gente pregunta siempre las cosas más inoportunas e inconvenientes. ¿A qué te dedicas ahora? ¿Y a ti qué demonios te importa? Eso es lo que se merecen este tipo de impertinencias. Me froté con furor la cabeza, y a punto estuve de arrancarme todos los pelos de cuajo.

Parada y calva. ¡Qué iba a hacer, Dios santo! Y lela, absolutamente lela. Empecé, mientras me secaba y me daba las cremas, a hacer el desgraciado recuento de todo lo ocurrido en los últimos días. Un sabor a café requemado me invadió el estómago. Allí estaba, lo había puesto al fuego nada más levantarme y se me había ido el santo al cielo. El oscuro elemento mientras tanto había ido a parar a la placa de vitrocerámica. Y yo por mi parte iba a irme a los mismísimos infiernos como siguiera así. Las lágrimas me nublaron los ojos, la desolación hizo temblar mi mano y la cafetera entera acabó estrellándose en el suelo.

Me senté en el *office* a fumarme un pitillo. Sí, en ayunas. En un momento de extraña lucidez me pareció más oportuno envenenar de lleno mis pulmones que lanzarme directamente al patio desde la ventana de la cocina. Sobre todo considerando que vivo en un ático y que mi casa tiene diez pisos. La cuestión es que hoy al menos he tenido ese atisbo de clarividencia, un mínimo recuerdo de lo que es la ponderación y el discernimiento. De mañana no respondo. Ese despertar deportivo me da realmente muy mala espina.

¿Y si de verdad me hubiera vuelto tonta? Porque esas cosas ocurren todos los días. De pronto una persona que nos parecía brillante, emprendedora, incluso indiscutiblemente inteligente, se queda de pronto paralizada, presa de una súbita ofuscación y un inesperado embobamiento. Y empieza a decir sandeces, a soltar todo tipo de necedades. De eso, a pesar de mis actuales limitaciones mentales, puedo aún darme cuenta. Y si les sucede a otros, ¿por qué no me va a suceder a mí? ¿Es que acaso no tengo razones, y muy graves, para que tal transformación me afecte? ¿Acaso tengo alguna vacuna contra la estulticia? ¡Claro que no la tengo! Me volveré irremediablemente idiota.

No, no me volveré. No puedo permitírmelo. ¿Y qué va a pasar con Pepe? ¿Y con Javier? Son un par de salvajes insoportables, pero después de todo los quiero. Y sobre todo me necesitan, no sé qué harían sin mí. Mamá, mis camisas están mal planchadas, mamá hoy quiero huevos fritos con arroz, mamá necesito unas botas nuevas. Unos asquerosos encantos, pero los quiero. Y además está Black. No, no puedo volverme tonta, aunque quiera.

Porque, la verdad, la situación es un tanto apetecible. Levantarse un día y decirse: soy tonta, se acabó. Soy absolutamente lela. Allá vosotros. Y a descansar. Pero no. Lo que tengo que hacer es buscar trabajo y dejarme de memeces. Y mañana cambio de emisora, que lo del deporte me ha dejado mal cuerpo.

Tengo que hacer un plan minucioso y no dejar nada en

el aire, que luego me aturrullo y más en este estado. Vamos a ver. Lo importante es aparentar una buena forma, transmitir tranquilidad, irradiar confianza. Nada de vacilaciones ni de balbuceos. El tono firme, sin resultar duro ni fiero, puesto que no se lleva eso de dar órdenes como en un parvulario. No, voz bien modulada, entonación convincente. Mucha serenidad. Y nada de parecer que busco trabajo.

Eso ni mencionarlo. Los parados asustan. Los parados realmente apestan. Yo misma, tengo que reconocerlo, huía de ellos como alma que lleva el diablo. Me decía Sagrario, Isabel, es otra vez Joaquín González, ¿le digo que ya le llamaremos más tarde, que ahora no puedes ponerte? ¡Hasta ella los reconocía! ¡Y cómo no los va a reconocer! Con esa voz temblorosa, ese tartamudeo de infectados. Cada cinco uno: era la última estadística que yo misma he elaborado. Cada cinco llamadas, una para buscar trabajo. Que si te llevo mi *book*, que si me recibes sólo un momento, que si tengo una idea estupenda, ya verás, que si tienes alguna cosa para mí, lo que sea. Una auténtica legión, eso es lo que son. Una legión caótica, dispersa y sin organizar, pero legión al fin y al cabo.

Y ahora yo con ellos. Ahora yo soy la quinta llamada de gracia del día. No. De parada ni hablar. De trabajo ni mencionarlo. ¿Y cómo demonios voy a buscar trabajo si no puedo ni hablarlo? ¡Dios santo! ¡Qué disparate! No podré. Pero podré. ¡Claro que podré!

Mira, te quería hablar de una cuestión, y me gustaría saber si puedes hacer un hueco para contártela. No, no, nada grave. Te la adelanto en dos palabras. Resulta que han cerrado la revista. Sí, sí, *El Viajero*. Ya sabes, la crisis de la publicidad, que también nos ha afectado. ¿Que qué va a pasar conmigo? Pues nada, que me voy a tomar una temporada de descanso. La verdad es que estoy agotada. Y de paso voy mirando algo. Pero sin prisas. Algo que me interese. Porque estoy pensando cambiar un poco y respirar nuevos aires.

Esto está estupendo. Se nota que ya estoy más tranquila. Y soy más lista. Lo de que quiero descansar es una idea realmente fantástica. No porque quiera hacerlo, que malditas las ganas que tengo en este momento. Para no agobiar. No agobiar es fundamental. Al que agobia le cuelgan directamente el teléfono. Perdona, Isabel, pero tengo una llamada urgente por la otra línea. ¡Cómo si la mía no fuera urgente! Pero te cuelgan. Y no vuelven a ponerse nunca jamás. La orden será muy precisa: Lola, si llama Isabel Mata no me puedo poner.

Y ya está. Se acabó el problema. A los parados nadie los quiere ver ni en pintura. Ni oírlos siquiera. Pero no, yo no hablo de trabajo y evito el peligroso cuelgue. Porque en el momento en que te cuelgan el teléfono es para no cogerlo jamás de los jamases. Eso lo sé yo de sobra. Lo fundamental es no asustar. Como si no pasara nada, absolutamente nada. Incluso como si fuera un alivio. Ya ves, chico, por una parte me han quitado un peso de encima, que llevaba una temporada sin parar un instante. Eso tranquiliza. No, de momento no estoy buscando nada. Eso también calma. Y no forzar la entrevista.

¿Cuándo? Pues cuando te venga bien. No, eso no, tampoco conviene dar demasiadas facilidades, pues parece que estoy besando el suelo que pisa. Yo de momento estoy muy liada, ordenando todos los papeles y ayudando en estas cosas de la liquidación. Podemos vernos la semana que viene. Así está mejor. Lo de estar aún al frente de la revista da sensación de seriedad, de probadísima profesionalidad. Y sugerir una fecha concreta pero algo distante también pone las cosas en su sitio. Pues nada, estupendamente, el jueves próximo me viene estupendamente. Hacia las seis, perfecto.

Ahora a llamar. Así de sencillo. Dejo esta casa, que parece una tumba, y me voy al trabajo, que aún tengo un despacho para mí sola. Y hago las llamadas. ¡Pero cielos! Estoy loca, loca de remate. ¡Qué tranquilidad ni que ocho cuartos! Si es que no puedo ni con mi cuerpo. Tengo una cara que parece que se me va a despegar de un momento a otro. Me da miedo hasta coger el coche de lo que tiemblo. ¡Serena! ¡Al cuerno con la serenidad!

Apestada, eso es lo que soy, una apestada con la que nadie quiere saber nada de nada. Porque se trata de una enfermedad contagiosa. Yo no me había dado cuenta hasta ahora, pero es la pura verdad. Así se comprende todo. Así huía yo del pobre Joaquín González. De nada me ha valido, porque los parados están por todos lados. En realidad, nadie se atreve a confesarlo, pero estamos auténticamente rodeados de ellos.

¡Qué digo! Soy yo la que rodeo ahora, la infecciosa, la del contagio. Eso me pasa por haber recibido a tantos de ellos. Lo hacían adrede, seguro. Que si me gustaría enseñarte unas fotos, son realmente únicas, que si acabo de llegar de Mandalay, sí en Birmania, que he traído un reportaje espléndido, que si me dedico a hacer mapas con aerógrafo, a muy buen precio por cierto. Todos contaminados. Y yo, inocente de mí, les daba hora, les abría las puertas de mi despacho, les daba la mano y les escuchaba atentamente. Alguno de ellos incluso salió con el trabajo vendido. ¡Qué confiada he sido! Me dejaron el aire invadido del virus, y así he sucumbido.

Lo que no entiendo es cómo esos gobernantes tan listos que tenemos no se han dado cuenta de nada. Porque yo la verdad es que nunca me había detenido a pensarlo. Ni tampoco me pagaban para ello, bastante tenía con sacar adelante la revista con cuatro personas que éramos. Pero a ellos sí que se les paga, ¡vaya que si se les paga! Y no se enteran de la misa la media. Yo, en cuanto he dado cuatro vueltas al asunto, lo he visto. Y ellos hablando como loros de las soluciones para el paro y sin dar en el blanco. Nos tendrían que aislar. Exactamente como a los leprosos. Hacer como que no existimos pero en serio, sin estas medias tintas que no conducen a nada. Porque ahora somos como transparentes, pero en realidad nuestro cuerpo es sólido y ocupamos un espacio igualito al que trabaja. Y, sobre todo, estamos peligrosamente mezclados. Así no hay manera de atajar nada.

La epidemia se propaga con el solo contacto y se convierte en una plaga. Una plaga lacerante, eso es lo que dicen. Una plaga de enfermos llenos de llagas, purulentos, infestados de miasmas. Nos tendrían que aislar. Y llevarnos a todos a Molokai, que es una isla estupenda de Hawai, en pleno Pacífico. Se acabarían de golpe todos los problemas. A ver, los tres millones y medio de parados, a embarcar. Cada enfermo puede llevar tan sólo un bulto. Eso es, un bulto por cabeza infectada, que si no, no hay manera, todos quieren llevarse la casa a cuestas. Los parados los que más, por si acaso. Medidas radicales, eso es lo que hace falta y menos palabrería hueca. Muerto el perro se acabó la rabia. Y ya veríamos si con eso hay más parados, con la amenaza de Molokai a la vuelta de la esquina.

Me he desviado del tema, pero he de reconocer que la idea es brillante. Lo que demuestra que aún no me he vuelto tonta. Tonta no, pero tampoco doy ningún paso en la dirección conveniente, no hago más que irme por las ramas. Lo que sí está clarísimo es que no puedo presentarme como una parada. La cuestión es difícil, sin duda. Realmente peliaguda. Por eso hay que establecer la táctica adecuada. ¡Hola, Juan Carlos! Te llamo para comer contigo. Se lo digo directamente, con seguridad. ¿No es lo que hubiera hecho hace sólo un mes? No, no lo hubiera hecho en absoluto, porque precisamente Juan Carlos Fajardo aburre a las ovejas con su aire de niño listo y de joven guaperas. Pero él no lo sabe, no sabe que yo nunca le hubiera llamado así sin más, y de hecho él me llama de vez en cuando y sin ningún motivo aparente. Es preferible no comentarle nada por teléfono, y dejar las explicaciones para la comida.

Eso es lo mejor. Seguro que me dirá que sí, que encantado, espera un momento que consulto mi agenda. El viernes, ¿te viene bien el viernes? ¿Este mismo viernes?, diré un tanto asombrada de la rapidez de su respuesta. ¿En el sitio de siempre?, continuará él impertérrito, porque no se inmuta así le aspen, ya sabes. ¡Claro que lo sé! Juan Carlos siempre come en el mismo sitio y a la misma hora, con una regularidad realmente exasperante. Allí estaré. Exactamente como una infiltrada. Sin delatar mi condición de apestosa parada. Y si no consigo nada, al menos tengo en mis manos la sutil, hermosa venganza del inevitable contagio.

11

LA CITA

Menudo día del demonio. Ni hecho de encargo. Negro, el cielo está más negro que boca de lobo, y una lluvia asquerosa lo mancha todo. Pues no sé qué me voy a poner con este repugnante tiempo. Me ponga lo que me ponga voy a llegar al restaurante perdida. Justo lo que me hacía falta. Entrar por la puerta hecha unos zorros, con las medias enfangadas de barro. Y el pelo. El pelo se me riza con sólo oler la humedad. Invariable. Así no voy a hacer nada de nada. ¿Y qué narices me importa a mí el pelo, las medias, los charcos y los rizos revueltos? Si no hay ropa que arregle este deplorable estado, ni peinado que mejore mis ojeras, ni maquillaje que disimule mi expresión abatida y humillada. Me importa un auténtico pimiento mi aspecto. Que se fastidie Juan Carlos, que siempre tiene que ir como don Perfecto, hecho un pincel, con esas fantásticas corbatas de Ferragamo y los zapatos que se hace traer de Londres. Que se jorobe si me ve llegar embarrada y con el pelo refrito. Porque lo que es él no sé cómo se las arregla, siempre se presenta en todos los sitios como si acabara de salir de casa, repeinado, con esa cara de relimpio insoportable que tiene y esa expresión aguda de primero de la clase. Y una sonrisa tan simpática.

Lo aborrezco. El jefe de la pandilla, eso es lo que parece. Lo odio con todas mis fuerzas. A él y a todos los que son como él. Odio a todos los que tienen trabajo. Los que tienen chófer. Los que hablan por ese insoportable teléfono ambulante. Los que exhiben tiras de tarjetas de crédito como si fueran ristras de ajos. ¡Cuidado, Isabel! Una resentida. Me estoy convirtiendo en una resentida de tomo y lomo. En una resentida con las medias manchadas de barro, para colmo de colmos.

Pero aún no. Seamos claros, a Juan Carlos le traen sin cuidado mis rizos y mis salpicaduras, y no le va a importar lo más mínimo. La que va a salir perjudicada voy a ser yo, pues como me vea con esas pintas no me va a ofrecer nada de nada. Ni siquiera se dignará hablarme de cómo va su trabajo.

Nada de eso. Me voy a poner el traje de chaqueta de lana fresca de Armani, que me sienta como un guante, con la blusa crema que me compré en mi último viaje a Milán. Y en los pies, unos botines. Fantástico. Los botines me darán un aire desenfadado y muy personal, que si no voy a parecer un maniquí estúpido. Que se note que sé vestir al menos. Parada, pero bien arreglada. Y contra los ridículos rizos, un sombrero. Ese flexible con cinta beige, a juego con la blusa. Perfecto. Y nada de comer y beber mucho, que da una malísima impresión. Ya me conozco, con los nervios que llevo encima igual me da por ponerme a devorar como una auténtica bestia. Y eso es fatal. Todos los extremos son malos. Ni probar bocado ni lanzarme en plan hambriento. Así que mucha atención.

Además con el vino a veces no me doy ni cuenta, y vacío copa tras copa como recién salida de una travesía por el desierto. Y luego digo tonterías. Me creo graciosa pero no lo soy ni por asomo. Lo único que hago es soltar una tontería tras otra. Y luego me arrepiento. Y hoy sí que no. Es mi primera entrevista. Bueno, no es que sea una entrevista formal, pero Juan Carlos es un buen contacto, con un montón de relaciones e influencias. Justo lo que yo necesito en estos momentos. Como para echarlo a perder por una tonta botella de vino.

¡Cielos! Las diez de la mañana y yo aquí como una mema perdiendo el tiempo. Me arreglo y salgo pitando, que antes tengo que pasarme por la maldita revista.

Vencida y desarmada. Hecha auténtica fosfatina. De verdad que lo que me ha pasado hoy es como para no creerlo. No, lo del tiempo no era casualidad. Si ya lo decía yo nada más levantarme. Esa lluvia asquerosa lo emponzoña todo. ¡Muy buena para la sequía!, me ha señalado sonriente el estúpido de mi portero cuando salía a toda prisa. ¡Y a mí qué diablos me importa!, le hubiera contestado de buena gana. Vamos a ver, a mí qué demonios me importa la sequía cuando tengo que ir a una comida decisiva y voy a llegar hecha un asco gracias a la dichosa lluvia. Él, claro, tan fresco, bien arropado en el portal de casa, como un rey, pertrechado en su garito leyendo novelas y rascándose la tripa, a esa lúdica actividad se dedica todo el día. Él al resguardo, sin necesidad de tener que ir a comer con Juan Carlos para buscar trabajo haciendo ver que no lo busco. Él tan contento, sin tener que hacer equilibrios en la cuerda floja, que eso es lo que yo hago durante todo el día. Auténtica profesión de equilibrista, la mía, de parada malabarista. Ni sequías ni historias. La lluvia sólo ha servido para anunciarme la catástrofe. El dichoso tiempo ha sido auténticamente premonitorio.

Hasta las dos estuve en la redacción, atendiendo las llamadas de un ejército de fotógrafos indignados porque no iba a publicarles sus queridísimas fotos. ¡Encima con recochineo! Cómo si a mí me hubiera salido de las narices, así, por puro capricho, no sacar a la calle más números de la revista. Me habías dicho que mi reportaje sobre las Seychelles saldría en agosto. Sí, majo, te lo había dicho porque yo también lo creía así. Yo también era tan estúpida como para pensar que en este próximo mes de agosto el mundo entero se conmovería ante la contemplación de tus fantásticas fotos de estas islas. Es más, yo misma iba a escribir el artículo y pensaba acercarme al Índico a fines de este mes. De este desgraciado, infame mes de marzo. Así que aquí tienes tus fotos, que yo el viaje ya me lo he metido donde me ha cabido, so imbécil. Toda la mañana dale que te pego, que si el reportaje te lo entregué hace más de un año, que si me podías haber avisado con más tiempo. No, si se creerán que esto es como una boda, y que se publican también las amonestaciones para ver si alguien tiene cualquier objeción que poner. No hace ni dos semanas que me enteré yo, querido. ¿No ves la cara de felicidad que tengo? Un hatajo de estúpidos.

A las dos pasé por el cuarto de baño para una rápida y muy necesaria restauración. Con tanto lío con las fotos se me habían pasado los nervios y hasta los charcos me parecían menos peligrosos que mis indignados fotógrafos. Al coche y en un pispás estaría en el restaurante. ¡Qué manera tan ingenua de confiar en mi suerte! El coche dijo que no. Así de sencillo. Así de tajante. No le dio la gana de arrancar. Mi fiel Audi me dejó tirada como una colilla y se negó a salir del aparcamiento. Que no. Ni siquiera hizo amago de arrancar. De verdad. Yo no podía dar crédito. Hay cosas que no puedo soportar y una de ellas es que me falle el coche. No suele hacerlo nunca, pero tenía que rebelarse justo en ese momento. Adrede. Seguro que lo ha hecho adrede. Para atacarme los nervios. Desde luego lo hizo. A las dos y veinticinco, después de pasar por todas las fases anímicas posibles, rabia, dolor, espanto, otra vez rabia, impotencia, hasta llegar a la más absoluta desolación, después de luchar a brazo partido con el salpicadero entero, de estar a punto de romper en dos la llave de contacto y de atacar a botinazo limpio el motor de mi Audi, después de sudar, resudar, y dejar absolutamente perdido mi ya desastroso pelo, decidí dejar de intentar lo imposible.

El recorrido hasta el restaurante fue el más lamentable de los caminos. Derrotada, mojada por dentro y por fuera, con unos rizos espantosos, tal como me había temido, no pude encontrar un puñetero taxi. Las dos y media del mediodía bajo un cielo encapotado y siniestro, sobre un suelo resbaladizo y encharcado. La lástima de mí misma empezaba a hacer estragos en mi ya menguadísimo ánimo y en lo más externo de mi cuerpo. Y ni un solo taxi. Haberlos los había a millones pero todos repugnantemente ocupados. Hacía sólo unos cuantos minutos, cuando me dirigía al aparcamiento, me había tropezado con cientos, miles de ellos, exhibiendo su cartel de libre y con la luz verde relumbrando en la cada vez más cerrada oscuridad. En aquellos precisos momentos, de pronto, todos habían desaparecido como por ensalmo. Ni aun ahora logro comprender qué extraña operación pudo haber tenido lugar de dos a dos y media. Quizá se hubieran desalojado todos los edificios de oficinas de la zona por un aviso urgente a cada uno de los empleados, y todos a su vez se habrían lanzado despavoridos a guarecerse en su correspondiente taxi. De otro modo no se comprende tamaña transformación en la oferta de este transporte colectivo. Tuve que hacer el camino a pie. Bajo aquel amenazante cielo. Sobre el barroso asfalto.

De la sequía me acordaba yo mientras me dirigía con paso cansino hacia el restaurante. De la sequía y del condenado de mi portero que estaría tan ricamente en su casa sin haber tenido que hacer otro esfuerzo que bajar por la escalera. También de sus padres y de toda su familia. Y de los campesinos de toda España que a esa hora debían de estar tan contentos viendo caer la maldita lluvia sobre sus pantanosos campos. Llevaba horas lloviendo. Y no se trataba de un agua fina, ligera, de esas que refrescan dulcemente la cara de los protagonistas de las películas. No, la lluvia caía a cántaros, sin dar respiro, formando una cortina densa y grisácea. De todos modos tenía tiempo de sobra. Había quedado a las tres, el restaurante no quedaba lejos y si me daba un poco de prisa aún podría adecentarme unos minutos en el lavabo antes de que llegara Juan Carlos. Cuando abrí la puerta, el corazón me latía ya a una velocidad a todas luces exagerada. Estaba realmente deslomada por la caminata y, sobre todo, por la desesperación. Aún me esperaba lo peor.

Nada más poner un pie en el dichoso local me di cuenta. Allí estaba. Sí, no cabía confusión posible. Era ella. No puede ser, me dije para mis más profundos adentros. Pero era, claro que era. Desde la mesa situada justo al fondo, al otro lado de la puerta, Irene me miraba con aire provocador. ¡Precisamente tenía que ser Irene! Ya había pasado un año de todo aquello, pero la escena me saltó a los ojos como si estuviera ocurriendo ahora mismo. A Irene la despedí yo. Sí, así como suena. La verdad es que tenía mis motivos, pero el caso es que yo la había puesto literalmente en la calle. No, no me había gustado hacerlo, pero no había manera de que llegara puntual por las mañanas ni de que se quedara un minuto más después de la hora de salida. En realidad tenía un morro considerable y una desfachatez a prueba de bombas. Mira, yo creo que cumplo, así que no tienes nada que decirme, me replicaba cada vez que le llamaba la atención. No podía soportarla. Ni a ella ni a su desvergüenza. Y la eché. Le dieron la indemnización legal, claro. Pero la dejé en la puñetera calle. No dijo ni pío cuando se lo comuniqué. Tan sólo un me lo esperaba desafiante, y como única despedida: ya nos veremos. Nos estábamos viendo. Justo hoy.

Fui hacia ella después de un instante de vacilación. Lo mejor era coger al toro por los cuernos. ¡Hola, Irene! ¡Qué sorpresa! ¿Cómo estás? Yo bien. ¿Y tú?, me contestó rápida como el rayo. Lo sabe, pensé al instante. Sabe que estoy en la misma calle a la que la empujé a ella. Pues no tan bien, un poco deprimida. Imagino que ya estarás enterada, han cerrado la revista, alcancé a decir tartamudeando de una forma bastante idiota. Vi cómo le relampagueaban los ojos de puro gusto. Pero qué me dices, pobre, ¡qué disgusto debes de tener!, me lanzó la muy hipócrita poniendo cara compungida. Bueno, qué le vamos a hacer, balbuceé yo en plan brillante, son cosas que pasan. No pude seguir en la mesa ni un instante más y me despedí alegando que tenía que ir al lavabo. Cosa que era cierta y totalmente necesaria.

A esas alturas del día, mi maquillaje se había corrido estrepitosamente, el pelo parecía pertenecer a la cabeza más escandalosa de todo Harlem y el rímel se había convertido en grumos negruzcos sobre unas tiesas pestañas. Mi aspecto no podía ser más desalentador. Los fotógrafos, el coche, los sudores y la caminata habían logrado deshacer lo hecho con cuidado antes de salir de casa. Y encima Irene. La expresión de derrota mayor se la debía sin duda a la muy condenada. Traté de no pensar más en ello y compuse mecánicamente la catástrofe de mi cara.

Busqué al *maître* y le pregunté por la mesa reservada a nombre de Juan Carlos. No hay ninguna reserva a nombre del señor Fajardo, pero puede sentarse aquí mismo, me dijo bastante amable. ¡Qué raro! Juan Carlos era extremadamente cuidadoso con estas cosas y, a juzgar por su habitual comportamiento, parecía pensar que no se podía ir a ningún restaurante sin hacer una reserva previa. Se le habrá pasado a su secretaria, traté de encontrar una explicación, y sin pensarlo más me derrumbé en la silla que se me había indicado.

Las tres en punto. Irene, al fondo de la reducida sala, me tenía a tiro y me lanzaba de vez en cuando miradas atrozmente risueñas. Como no viniera pronto Juan Carlos, no iba a poder soportarlo. Saqué el periódico de la cartera e intenté concentrarme en la lectura. La verdad es que me importaba poco lo que pasara en el mundo, pero al menos aparentar que leía me devolvía un poco la prestancia tan machacada durante toda la jornada. Se mire como se mire, no es lo mismo esperar al retrasado compañero de mesa mirando tristemente a las musarañas que hacerlo repasando el periódico. Es más, ni siquiera iba a mirar a la puerta, pues eso se nota de lejos. No hay cosa más humillante que estar espiando los movimientos de la puerta del restaurante demostrando una incontenible ansiedad. No iba a caer yo en esa trampa. Cuando llegara Juan Carlos no me iba a dar ni cuenta y tendría que ser él mismo quien interrumpiera mi lectura. Eso estaría perfecto. Daría justo la imagen que yo quería dar: tranquilidad, curiosidad informativa, capacidad de concentración y mucha, mucha seguridad. Ni los fotógrafos, ni el Audi, ni la lluvia, ni Irene iban a poder conmigo.

Las tres y cuarto. El fino que había pedido nada más sentarme estaba tocando a su fin. Levanté un momento la mirada y en ese justo instante me di cuenta. Ése no era el restaurante. Es más, no se parecía en absoluto al lugar en que había estado comiendo en otras ocasiones con Juan Carlos y que, yo sabía de sobras, era su sitio habitual. Empecé a entenderlo todo. El retraso, la falta de reserva. Las piernas me temblaban ya irremisiblemente y tuve que fijarlas firmemente en el suelo. Remedio inútil. Las rojas baldosas parecían bailar bajo mis pies y abrirse suavemente hasta el fondo mismo de la tierra. Fue sólo cuestión de segundos, pero en ese instante mi único deseo era desaparecer, ser engullida repentinamente, hacerme transparente. No podía comprender cómo había sido capaz de cometer ese horrible error. ¿Por qué demonios estaba yo aquí, en un lugar equivocado?

Me había confundido de calle. Ésta era Claudio Coello, y yo tenía que estar en Lagasca. Casi a la misma altura. Las dos calles casi exactas y perfectamente paralelas. Eso había ocurrido. ¡Estúpida! Era una estúpida y una precipitada; me metí sin dudarlo en el restaurante sin mirar siquiera el rótulo. Tenía que haberme dado cuenta con lo de la reserva. Pero nada. Me levanté bruscamente y me dirigí a la barra a pagar mi fino. Fue la única delicadeza que tuvo conmigo este espantoso día. El camarero no quiso cobrármelo. Debió darle una lástima irremediable mi expresión abrumada. Le hice un gesto vago a Irene y salí a escape.

Ella tenía la culpa de todo. El verla desde la misma puerta me había dejado desarmada y ciega. Una furia espantosa se apoderó de mí. Tenía que haberla despedido antes. No podía comprender cómo hacía sólo unos minutos me había dado pena. Ciega, el ver a Irene me había dejado ciega y no pude darme cuenta de que aquél no era el lugar de mi cita.

Corrí entre la lluvia que no cejaba y a los pocos minutos, con el corazón en la misma boca, hice mi aparición en el restaurante. Juan Carlos, en una mesa escondida, sin duda su mesa, leía atentamente el periódico. Sorteé sillas y comensales y me senté de golpe enfrente de él. Despanzurrada, pasada por agua, hecha puré, con mis ridículos rizos. Vencida por los elementos y la desgracia. Y aún me esperaba la auténtica batalla.

12

PARADA

Ayer fue sábado. Hoy es domingo. Parecen verdades obvias, afirmaciones triviales e inocentes. O una excusa auténticamente inaceptable para no mencionar lo que pasó en la comida de anteayer. Pues no, resulta que las cosas no son tan simples. Y que de pronto todo pierde su antigua importancia y se cambian las tornas de una forma totalmente imprevista. No se trata de un vil truco para rehuir el enojoso asunto de Juan Carlos. Simplemente es necesario que anote fielmente lo que está pasando.

Ayer fue sábado y la gente que trabaja de lunes a viernes no lo hizo ese día. Y tuvo las siguientes posibilidades: descansar, quedarse tan ricamente en la cama hasta las doce, darse un baño de una hora con espuma y todo tipo de geles, ordenar los armarios, depilarse las piernas, ir de compras a El Corte Inglés, limpiar la casa, arreglar la lámpara esa que lleva un tiempo estropeada, quedar para cenar con un amigo, remar en barca en el Retiro, acercarse un rato por el Reina Sofía, hacer acopio de alimentos en Jumbo, buscar dos marcos para el par de grabados que le acaban de regalar, salir al campo, no hacer absolutamente nada.

Todos los que trabajan durante la semana de cinco días

pudieron elegir entre éstas y otras muchas actividades, igualmente normales e inofensivas. Perfectamente gratificantes. Atrozmente envidiables.

Yo no. Desde hace dos semanas justas a mí me da igual que sea miércoles que sábado. Puedo ir a encargar las medias suelas de las botas de Pepe el martes por la mañana o el jueves, justo antes de cerrar las tiendas. El Parque del Oeste me brinda sus caminos y sus céspedes a todas las horas del día y el Museo del Prado está a mi disposición durante su horario habitual. Tal circunstancia, que considerada de una forma abstracta podría ser francamente estupenda, resulta, sin embargo, demoledora.

Primero de todo. Un jueves yo no puedo ir así como así a ningún museo del mundo. Un parado no visita museos. Un parado está, como su nombre indica, quieto, estático. Y a ser posible un tanto cataléptico. Si no, no sería parado. Segundo: a mí no me da la gana ir ni al Museo del Prado ni a ningún otro museo. Así como suena. Lo que yo quiero realmente es ir a trabajar a la revista como hacía antes, que no sabía lo que tenía. Además, hay que decirlo bien claro, el ocio y la cultura son propios del tiempo libre, de la vacación y del disfrute. Y yo no tengo vacaciones posibles, ni ánimo para disfrutar de nada.

Se acabó. Ya no existen ni sábados ni domingos. Es curioso pero nunca me había dado cuenta de tal infamia. Tampoco tengo ya vacaciones. Ni puentes. Todo borrado de un plumazo. Te dicen un día, lo siento mucho, pero tú con toda tu enana redacción a remolque os vais a la calle, y sólo piensas en que no tienes trabajo, que no tienes sueldo, que tienes que pagar los plazos de la casa de la playa, que la cuenta del teléfono, la del gas y la de la compañía eléctrica seguirán llegando puntualmente, que los colegios de los niños han subido y que Pepe no hace más que destrozar bota tras bota. Y no te has enterado siquiera de qué va esta guerra. Vamos, que ni idea me había hecho yo de qué significaba todo esto. Porque la cosa es mucho más sutil, infinitamente más perversa.

Si no hay jornada laboral, tampoco hay descanso. Es más, tan sólo existe el descanso en razón precisamente de esa jornada laboral que hay que cumplir bien, de forma relajada, con el ánimo a punto y el cuerpo dispuesto. Al parado sólo le queda la inmovilidad, la calma chicha, el plantón permanente, la parálisis absoluta. ¿Para qué ir de compras a El Corte Inglés si ya no hay dinero? ¿Para qué los paseos si estamos condenadamente quietos? ¿Es que acaso se ha visto una galería de arte un miércoles a media tarde repleta de parados? ¡Jamás se ha podido contemplar suceso semejante! Porque los parados se pasan el día escondidos en sus casas, agazapados, dejando pasar las horas sin hacer nada, en inactividad constante, los miércoles y también los sábados.

De hecho, yo misma el sábado no hice nada. Pero nada de nada, como corresponde a mi actual situación. Me levanté como todos los días, porque de un día más se trataba, a las ocho y media, ni muy temprano ni muy tarde. Me tomé el café, me duché y me fui a por el periódico con Black. La calle estaba fantasmal y desierta. El quiosquero me miró con expresión de total extrañeza. ¿Tan pronto por aquí? Pues sí, ¿le importa a usted algo?, estuve a punto de replicarle, pero me callé y formulé un socorrido, ya ve usted, que tengo que hacer hoy muchas cosas. Todo para despistarle, porque una cosa es que haya contado mi vida a mis padres y otra ir pregonándola por el barrio. Para despistarle y para hacerme la simpática, pues de verdad no se qué me pasa, me es imposible soltarle una fresca a nadie, aunque se lo merezca. Porque el quiosquero se tenía bien ganado el que le mandara a hacer gárgaras; es una impertinencia recordarme la hora que es, auténticamente meterme el dedo en el ojo. ¿Qué pretendía? ¿Que le dijera que yo compro el periódico cuando me da la real gana? Pero no, me contuve porque soy incapaz de hacer otra cosa. Eso de sonreír sin ton ni son me viene de antiguo y me paso el día dando explicaciones estúpidas.

Black, sin embargo, estuvo muy espléndido. Olisqueando sin duda mi justificada y encubierta ira, a punto estuvo de destrozar uno de esos mostradores cargados de discos, vídeos, fascículos y demás morralla dirigida a trabajadores de jornada completa y tiempo de ocio asegurado. Me sentí íntimamente vengada. No se produjo ningún desperfecto, pero vi palidecer mortalmente el enrojecido rostro de mi quiosquero y respiré ligeramente aliviada. Lo siento, dije hipócritamente, y me marché hacia casa no sin antes darle a Black la recompensa de acercarle a la plaza donde se concentran todas las palomas del barrio. No hay cosa que más le guste que asustarlas y correr detrás de ellas; un día estuvo a punto de degollar a una de vuelo lento y extremadamente gorda, para que luego hablen de la bondad de los animales, que son más malos que un pecado. La verdad es que no suelo permitirle esas carnívoras carreras, pero esta mañana se lo merecía.

Después nada. Los chicos se levantaron y desaparecieron cada uno por su lado como por ensalmo, farfullando algo sobre unos partidos de todo punto imprescindibles. Sin desayunar, sin ducharse, como auténticos guarros que son. Por mí podían seguir siéndolo toda la vida. Curiosamente su desorden y su cochinería habían dejado de importarme lo más mínimo.

El día transcurrió según lo previsto y en medio de un auténtico espanto. No tenía tareas que interrumpir ni cansancio del que descansar. Un agobio espantoso se me había quedado alojado en la boca del estómago y me dormí convulsivamente antes de comer y también después. Porque, lo he comprobado, esa actividad es precisamente la más adecuada para un parado. Dormir es la quietud absoluta, el letargo total.

Pero cometí un error. Un error gravísimo del que aún ahora, a estas alturas del domingo, no me he repuesto. La cosa es que me llamó Miguel con la sin duda buenísima intención de sacarme a la calle para que me airease un poco. Vamos a cenar, te voy a llevar a un sitio estupendo que he descubierto, me dijo muy animoso, y yo, falta de voluntad, próxima a pasar ya definitivamente del estado vegetal al puramente mineral, le dije que sí, que bueno, que lo que quisiera. Fue mi perdición.

Tuve que contarle lo de Juan Carlos. No sólo lo que pasó en la comida, sino todos los espantosos prolegómenos. Se lo solté nada más subirme en el coche camino del restaurante. Lo que más rabia me dio fue comprobar que lo único que le preocupaba era qué había sido del Audi, como si lo demás no contara para nada. El Audi está ahora estupendo. Lo ahogué. Sí, con los nervios que llevaba encima empecé a darle como loca al acelerador y lo ahogué, tal como suena. Por eso no arrancaba. Después de comer volví al aparcamiento y a la primera se puso en marcha. Y el coche estaba ahora en perfecto estado, bien instalado en mi plaza de garaje y ajeno a mis pasadas furias y a mis actuales preocupaciones. ¡Estás un poco histérica!, diagnosticó con singular perspicacia Miguel tras escuchar con atención mis explicaciones. ¿Histérica yo?, salté como una pantera. ¿Histérica? Si soy la personificación de la calma, la encarnación de la tranquilidad y el paro. ¿Qué se había creído ese cretino? Si ahogué el coche es porque quise. ¿No era acaso mío? Por tanto podía hacer con él lo que me viniera en gana, ahogarlo, emborracharlo y hundirlo en un pantano.

La noche no había hecho más que empezar.

No sé qué me está pasando con los restaurantes. Parece que conjuran contra mí los más maléficos hados en vez de ofrecerme buena comida, que es lo que debe hacer un restaurante como Dios manda. Debí haberlo advertido el viernes. Datos tenía de sobra. Primero el desgraciado y premonitorio encuentro con Irene. Segundo, la ridícula confusión de calle y de local. Y en tercer y definitivo lugar, la desafortunada conversación con Juan Carlos. Pero no, me había negado a ver la evidencia y caí en la trampa de Miguel.

El comienzo había sido literalmente desastroso, con su absurda obsesión por el Audi. Yo, lo reconozco, no estaba en mi mejor momento y había saltado cual furia enajenada, pero ¿cómo quería que estuviera?, ¿cantando por bulerías?, ¿encantada de la vida como los inconscientes de mis padres? No. Estaba simplemente histérica, como había tenido la impertinencia de señalar el majadero de Miguel. Histérica perdida, al borde de la convulsión total. ¿Y cómo estaría él en mi lugar? Él, un ejecutivo tan brillante, un directivo tan emprendedor, ¿qué diablos haría si le cerrasen su empresa? Que no es suya, todo hay que decirlo, aunque algunas veces se lo crea. Pues eso, cómo reaccionaría si su amado señorito le comunicara la infausta noticia desde Nueva York, porque su jefe es neoyorquino, un origen mucho más fino y elegante que el del ex mío, que es y sigue siendo de Talavera de la Reina, aunque nunca hable de ello. Pero por muy fino y neoyorquino que sea puede comportarse tan canallescamente como el mío. ¡A ver qué haría! Miguel, he decidido cerrar la empresa, los números no me cuadran y tú me sobras. ¡Hala! ¡A la calle con los demás parados! ¡Ahí te quiero ver! Pero no, no te quiero ver, que bastante tengo ya conmigo. Lo que quiero en realidad es que me comprendas, porque estoy verdaderamente reventada.

Nada de todo esto salió de mis labios y en un completo y congelado mutismo llegamos al restaurante. El lugar era, en honor a la verdad, un encanto, el *maître* nos recibió como si nos conociera de toda la vida y me sentí un tanto reconciliada con el solemne cretino que me había llevado allí.

Pedí *crêpes* de langostinos y *carpaccio* para romper todas las normas y mandar mi régimen y mis buenos propósitos felizmente a la porra. No había *carpaccio*. Se les había acabado. Cómo se les podía acabar un plato que resiste fantásticamente el paso de las horas es una cosa que escapa a mi comprensión. En un sábado. Y en un restaurante recién inaugurado que necesita desesperadamente ganar clientela. Porque el restaurante era nuevo, al menos yo no lo conocía de nada. ¿Es nuevo, no, Miguel?, pregunté después de que el *maître* me recomendara un mero a la parrilla realmente excelente, que no me apetecía nada, pero que, ante su insoportable insistencia, me vi obligada a elegir. Sí, novísimo. El cretino no parecía haber recuperado el habla y asintió tan sólo con el gesto. Después de todo no era para tanto, y la ofendida debía ser yo, que para algo era la defraudada. A pesar de lo abiertamente injusto de la situación, hice de tripas corazón y me concentré en iniciar una conversación trivial y distendida.

¿Cómo lo has conocido?, insistí yo por decir algo y demostrando que no hay cosa peor que las preguntas bobas. Se puede ser maligna, falsa e incluso perversa. Se puede ser mentirosa, hipócrita o rastrera. Lo que nunca se puede ser es boba. Recibí mi merecido. Cristina, es de Cristina, me contestó como quien concede graciosamente un favor. ¿De esa inútil de Cristina?, me oí exclamar a punto de reventar de rabia al tiempo que trataba de controlar mi léxico. Me tenía que enterar bien de esa historia y estaba dispuesta a llegar hasta el fin. Cálmate mujer, que si sigues así me callo definitivamente, amenazó el muy sinvergüenza. Es de Cristina y de otros dos socios, Carlos y Felipe. Lo del pub marchaba bien y han decidido liarse la manta a la cabeza. Aseguran que hay que aprovecharse de la crisis y razón no les falta. Yo mismo he puesto algo de dinero.

Con que era eso. Por eso había estado Miguel nervioso conmigo esta noche. Por eso había estado tan simpático llamándome, haciéndose el atento. Te llevaré a un sitio estupendo. El de Cristina. Y el suyo. Cristina, su novia de toda la vida, una cabeza hueca de tomo y lomo, incapaz de leer dos líneas seguidas sin agotarse, un prodigio la chica. Pero, eso sí, astuta como ella sola. Capaz de halagar los peores instintos de la vanidad masculina sin sentir el más mínimo rubor. Taimada y experta en todas las mañas manipuladoras inimaginables. Se casó con el mejor amigo de Miguel después de años y años de una relación que aún continuaba. Nunca había comprendido yo cómo se las había arreglado la muy ladina para seguir controlando tan de cerca a este cretino que me acompañaba. Tras haberle dejado más plantado que en una maceta. Pero lo hacía. La prueba la tenía ante mis ojos: la cara abierta como un libro de Miguel, sus frases que se empeñaban en presentarme como negocio normal un asunto que literalmente apestaba a Madame Rochas, el odioso perfume favorito de la zorra de Cristina.

Ni *crêpes* de langostinos ni la mierda de ese mero que nunca quise me iba a comer yo. Para engordar los bolsillos de esa golfa. A costa de una parada como yo. Era justo lo que necesitaba en estos momentos. Eso, un poco de apoyo, sentirme querida y necesitada. Tampoco era pedir tanto. Y él riéndose con esa pendeja y, de paso, ayudándola a hacer dinero, pues lo que es ella nunca pierde el tiempo. Mientras yo me lamentaba ante mi diario, hacía llamadas de cuestación, ahogaba a mi Audi y me embarraba las medias. La cólera y la rabia estuvieron a punto de producirme una violenta congestión. Las lágrimas me salieron a borbotones mientras unos hipos convulsos cortaban mi respiración. Un taxi, musité mientras me sorbía los mocos al *maître* que nos había recibido tan amable, y que me miraba perplejo. Llámeme un taxi, por favor, imploré tratando de evitar el derrumbe total. Miguel me cogió del brazo con firmeza y me acompañó a la salida dándole a entender al *maître* con un gesto que no hacía falta que llamara a nadie. Subimos al coche en un silencio tan sólo interrumpido por mis sollozos. Idiota. Era una idiota rematada y contumaz. Por segunda vez en dos días tenía que dar el espectáculo en un restaurante. Me odiaba con todas mis fuerzas. A mí, al cretino de Miguel, a la zorra de Cristina y al canalla de mi señorito.

¿Cómo no se me había ocurrido una respuesta demoledora e inteligente al dichoso asunto del negocio compartido? ¿Por qué no le había mandado directamente a la mierda y me había quedado tan fresca? Hoy, domingo ya, lo comprendo todo. La solución es muy simple: tenía que haberme quedado en casa. Quieta, inmóvil, catatónica, emparedada en mi propia casa. Como deben hacer los sábados todos los parados.

TERCERA SEMANA

13

EL LLANTO

Me han quitado las plantas. Así como suena. Me han desvalijado. Ha sido un verdadero robo. Porque todavía es mi despacho. Pequeño, encogido de pena, pero mío. Por escasos días, pero de mi exclusiva propiedad. Bueno, pues las plantas han desaparecido.

Una era, al fin y al cabo, un puro préstamo de la empresa y formaba parte de la decoración. Una palmera de esas que dejan de crecer un día y se quedan paradas. ¡Qué mal fario! Parada, igual que me quedé yo el lunes de hace ya dos semanas exactas. Bueno, pues ésa que se la lleven, que tampoco la había pedido yo. Fue Sagrario la que se empeñó. Todos los directores tienen una planta de categoría, Isabel, tú no vas a ser menos. Y así vino esa palmera achaparrada, a darme el mal de ojo, que maldita la falta que hace una palmera en este mesetario Madrid. La otra era un naranjo enano, que daba sus naranjas diminutas, y hasta flores de azahar tenía, daba gusto olerlas. Me la regaló Miguel hace cuatro años, un día porque sí, y me hizo una ilusión loca. Y ahora me la arrancan de cuajo.

Un auténtico atraco, podían haber respetado al difunto. Sobre todo porque el difunto soy yo y todavía no estoy muerta del todo. Total, dentro de unos días no estaré aquí y el despacho ya no será mío. Y podrán entrar a gusto, saquearlo y ratear a conciencia. Además, mi naranjo no pienso dejarlo. La palmera sí, que no quiero nada de esta maldita empresa, pero el naranjo ni hablar.

Son verdaderas pirañas, que se excitan con la sangre fresca. ¿Quién habrá podido ser? Seguro que la bruja de Ana, para engrosar el jardín tropical que tiene Luis Miguel en la segunda planta, que ése sí que es un despacho como Dios manda, con una gran mesa de reuniones y un rincón que parece una selva en miniatura. ¡Ha sido ella, seguro! ¿A quién, si no, se le podía ocurrir arramblar con una palmera, con lo incómodas que son, allí donde se colocan se abandonan para siempre jamás, llenas de hojas puntiagudas y curvadas, que se clavan por todos lados? Ha sido esa mala pécora, que no me puede ver ni en pintura, una auténtica babosa de secretaria, ya me lo había advertido varias veces Sagrario. Con Ana, chitón, que tiene la lengua más larga que un día sin pan y una mala leche capaz de agriar el mejor dulce. Pero mañana mismo me devuelven la palmera y el naranjo. La palmera estará aquí hasta que yo me vaya, ¡no faltaría más!, y luego que le dé el mal fario al desgraciado de Luis Miguel, que bien merecido se lo tiene. El naranjo se irá conmigo a mi casa.

Como lobos hambrientos. Un día de éstos vengo y no tengo ni mi silla. Hasta el mismo asiento me van a quitar. No tienen vergüenza, ni pudor ni nada que se le parezca. La cosa es que he empezado a recogerlo todo, antes de que me saqueen definitivamente. Y no hay cosa peor que recoger. No puedo entender cómo soy capaz de acumular tantas cosas. Papeles y papeles inundándolo todo. Planes de la revista hasta el año 2000. No sé qué falta hacía programar tantos números. Extra verano del 93: viaje alrededor de las islas del mundo. En una isla estaba yo de paseo, en la misma inopia, venga a planificar como una desesperada, para tenerlo todo preparado, para cumplir a base de bien con mi deber, que eso me viene desde el colegio, el deber ante todo, el deber siempre, y así me van las cosas. Mientras yo trabajo como una imbécil y me porto como la primera de la clase otros conspiran hábilmente y me ponen de patitas en la calle. Por hacerme la buena.

Y encima me roban las plantas, eso yo no lo perdono. Porque una cosa es que me cierren la revista, vale, no iba bien, no había manera de que entrasen las dichosas páginas de publicidad que mi señorito quería. Pero otra y muy distinta es el regodeo, la humillación, el puro recochineo. Y lo de la palmera ha sido una ignominia.

Y más todavía lo del naranjo, que era y sigue siendo mío. No, si no hay mal que por bien no venga, porque lo que es esto pone las cosas en su sitio. Que es que hay veces que me olvido de todo. Hay instantes en que es como si no hubiera pasado nada y estoy tan contenta, como antes de la desgracia. Y hasta me río como una imbécil. Y no. Lo de las plantas me devuelve a la realidad pura y dura. No, no se trata de una pesadilla. Lo que pasa es que no quiero enterarme, me gustaría que todo fuera un mal sueño y despertarme de pronto como si nada, ir a trabajar y encontrarme con mi naranjo y mi palmera aunque no sea mía, pero como si lo fuera, que era yo la que la disfrutaba todos los días. Y estaba en mi despacho. Pura ilusión.

Mío no era nada, empezando por el trabajo, que me lo han quitado de un día para otro, así, de golpe, como las plantas. Desaparecido. Un día tenía trabajo y al siguiente no. Y si no te gusta, te aguantas. Y el disgusto te lo comes con patatas fritas. Y el despacho se acabó. Y la redacción a la calle, que puñetera la falta que hace una redacción para una publicación inexistente. ¿Y una directora? Una directora suelta no hace más que estorbar, se nota de lejos que nadie quiere saber nada conmigo.

Todo, me lo han robado todo, los muy canallas. Y yo

venga a hacer planes como una loca. Convencida de que la revista iba a ser eterna. Abril ya estaba cerrado, eso desde luego. Y mayo casi acabado del todo. A la mierda, directamente a la mierda. Las playas de Puerto Rico, las montañas del Maestrazgo, las multitudes con faralaes de la Blanca Paloma. Al basurero. Borrón y cuenta nueva. Lo que se cierra deja de existir. Así, de un día para otro. Lo que pasa es que yo, como una tonta, estaba convencida de que la palmera era mía. Y la revista también. ¿A cuento de qué venían esas congojas que me daban si un reportaje no salía tal y como había pensado? ¿Por qué, si no, esos sofocos para llegar a la fecha prevista? Tanto padecimiento para que ahora me digan que basta ya, que se acabó lo que se daba. ¿Te creías que era tuya, estúpida? Pues de eso nada, monada. Todo prestado. Y los malos ratos que yo he hecho pasar a Lola, que es una santa de aguantarme. ¿Qué pasa con esas entradillas? Son para hoy y a este paso se te van a quedar putrefactas entre las manos, hay que ver lo insoportable que puedo llegar a ser.

Si lo sé, las entradillas esas podrían haber salido dentro de un año. Por eso no lo sabía. Porque ellos se daban cuenta de todo y lo guardaban en secreto y bien secreto. ¿Qué voy a pensar ahora? ¿Que son tontos?

Me hicieron morder el anzuelo, la culpa es toda mía y sólo mía, porque lo mordí conscientemente y encantada de la vida. Hay que ver lo orgullosa que estaba yo, mira qué portada tan estupenda, y el reportaje de Nueva Zelanda es realmente magnífico, parecía que fabricaba yo la revista con mis propias manos, me ponía a ello y todo, hasta el mismo papel, creía yo que salía de mis entrañas. Me deslomaba porque quería, así de claro, que no tengo perdón del cielo.

Hombre, también es verdad que obligarme no me obligaban, pero forzarme, chantajearme, siempre. Que si las ventas están flojas, que si hay que inventar algo nuevo, que si cambiamos el formato, que si un redactor menos. Y el muerto para mí, me caía todito para mí. Pero nada, sarna con gusto no pica, y yo me dormía con la cabeza como un bombo pero feliz y contenta, sintiéndome de todo punto imprescindible. Un día completo y útil, absolutamente repleto de actividad, de gestiones, de reportajes terminados, de dinero regateado, literalmente arrancado a los fotógrafos, de fidelidad a la empresa. Y me dormía tan ricamente, encantada de ser tan estupenda, con la lucidez auténticamente por los suelos, con el sentido del deber embotándome el más mínimo atisbo de clarividencia.

Ahora no. Ahora caigo en la cama tan hecha trizas que ni ánimos tengo de echar una ojeada al inútil, penoso día que acaba de terminar. Ni ánimos, ni humor, ni malditas las ganas. Bastante repasadas tengo yo las horas con este diario, porque la verdad me tiene bastante harta. No sé cómo se me ocurrió ponerme a escribir estas desgracias, parezco un rosario de lamentaciones. Y encima, todas las mañanas, todas, en el preciso momento de abrir los ojos me parece que todo lo que me ha pasado ha sido un mal sueño. Porque lo del otro día no fue un hecho aislado, ¡qué va!, no hace más que repetirse una y otra vez la misma historia: un sueño pesado y largo del que voy a poder salir en cuanto me ponga en pie.

Pero no, no hay manera de escapar de esto. Me pongo en pie, vuelvo al despacho y el vergonzoso robo de mis plantas me lo pone en evidencia.

Y el polvo que se acumula desde hace dos semanas en todos los rincones; seguro que han dado órdenes de que no se limpie. A la basura me han condenado. De seguir así, la mugre me va a llegar a las cejas. Como los papeles y los malditos planes de mierda, que he mandado directamente a la papelera. Si no sirven para la revista, para nadie servirán, no sé para qué perdí tanto tiempo ni malgasté tantas energías. Y llevármelos no me los llevo; se ha acabado y no voy a cargar con el féretro a cuestas. Para colocarlo en medio del salón. Ni hablar.

A casa nada de nada. El naranjo de Miguel, que me voy a encargar de recuperar aunque tenga que pasar por encima de algún cadáver, la caja de los lápices, que es de raíz de olivo, estupenda, un regalo personal, faltaría más, el cepillo de dientes y la caja de Tampax. Y se acabó. El resto a los rincones, porque aquí no había ninguna selva y menos todavía ahora, sin plantas que contemplar, todo a hacer bulto, a engrosar la cochambre ya acumulada. Parece mentira la que se puede montar en tan pocos días, no me había dado cuenta hasta hoy, que ando ida y no me fijo en nada, pero deben llevar dos semanas sin limpiar, dos semanas justas, desde aquel lunes de hace exactamente quince días, y parece que ha pasado toda una vida.

No me lo puedo creer, veo el despacho y me entran unas ganas espantosas de llorar, así muy bajito, sin que nadie se dé cuenta, y me entra una comezón que me achicharra por dentro, pero no pienso, aunque reviente. Que tengo la lágrima floja, como la desustanciada de Sagrario, que mucho ponerla pingando pero estoy peor yo que ella. Y me da el ataque justo cuando menos lo espero. A traición, como viene todo lo malo, que por eso es malo, que si no se anunciaría. Mi señorito bien que se pavoneaba cuando me iba a decir algo bueno, y se alargaba, y se veía venir que las noticias eran estupendas. Que si habíamos subido en el Audiencia General de Medios, que si este mes teníamos más publicidad. Lo otro en cambio, no. Lo del cierre me lo dijo en dos segundos. Y de golpe, sin preparación previa, algo propio de un auténtico bestia. Con verdadera alevosía. Como ese estúpido llanto que no se ve venir y que de pronto me llega todo junto a la garganta.

Y justo es eso lo que pasó el otro día con Juan Carlos. Me prometí que lo iba a escribir todo, pero es que lo de las plantas me ha descompuesto. Y además no quiero, que da mucho coraje recordarlo. Menuda estaba yo ese día después de lo del coche, la lluvia, el encuentro con Irene y la confusión final. Puro nervio era mi cuerpo entero cuando se depositó finalmente frente a la mesa de mi amigo el señor Fajardo. El viernes a las tres, querida, me dijo muy sutilmente cuando levantó los ojos del periódico y me vio. Un poco más y llegas el sábado, apostilló creyéndose la mar de ocurrente.

Juan Carlos es así. No lo puede evitar. Guapo, juvenil, dicharachero, de esos que sueltan una gracia cada cinco minutos, no falla. Director de una agencia de publicidad, da la impresión de que se siente obligado a ser ingenioso como cualquier otra persona a ser educada, y es la solución, el clavo ardiendo de la reunión más soporífera. En el mano a mano es otra cosa, porque hay que decir que las largas distancias le favorecen. Aun es capaz de salir airoso de las situaciones más borrascosas.

Ésta era una de ellas. Al comprobar mi hermético mutismo, cambió de tercio y me propuso el menú que él ya había elegido. Menestra de verduras frescas y merluza a la plancha. Dije que sí a todo mientras sorbía precipitadamente un buen trago del excelente y helado vino blanco que él mismo me acababa de servir. Lo sé todo, me advirtió exhibiendo la mayor, y todas son estupendas, de sus sonrisas. ¿Lo de mi equivocación, también lo de Irene?, solté como una estúpida descerebrada. ¿Qué dices?, exclamó calando de lleno la absoluta planicie de mi encefalograma, lo que sé es que cierran tu revista, me lo ha contado todo el jefe de publicidad de tu empresa, declaró finalmente. ¡Claro! ¡Cómo no lo había pensado antes! No hay día que no se junten todos esos inútiles publicitarios a tomar copas como sedientos crónicos, a reírse de las mayores memeces y a competir por el glorioso primer puesto de listillo y de guaperas. Y Juan Carlos, lo sabía yo de sobra, solía caer por esas tertulias a última hora, antes de la cena. A estas alturas estaba literalmente al cabo de la calle.

Y yo haciéndome la remilgada, preparando una estrategia, hecha un manojo de nervios, dándole a la conversación más vueltas que una noria. Y el deslenguado de Emilio se lo había largado todo. A saber qué le habría dicho entre carcajada y carcajada, que soy una inútil, que la revista es incapaz de atraer ni una página, y que se habían librado de dos buenas piezas de una sola tacada. La menestra empezó a girar ante mis ojos como si fuera un platillo volante. A este paso se iba a comer las verduras frescas el camarero, porque lo que es a mí el estómago se me había cerrado con lacre. ¡Pues no es verdad!, le solté indignada. ¿No han cerrado la revista?, me preguntó él asombrado. Sí, eso sí, seguí a borbotones, pero yo no soy una inútil, y además las cosas tampoco iban tan mal, y las páginas entraban, que no entiendo por qué lo han decidido a toda prisa, y yo me he dejado la piel a tiras, parece que no se dan cuenta de nada.

Justo entonces me vino el ahogo, el nudo ese en la garganta tan fatídico, como si te hubieras tragado un filete entero y no fuera ni para adelante ni para atrás. Y con el nudo, las lágrimas, que no fallan. Juan Carlos estaba estupefacto. Yo absolutamente desolada. Por el coche que no arrancaba, por el estúpido de Emilio, por mi error en el restaurante, por el canalla de mi señorito, por el encuentro con Irene y por mí misma, que me había prometido estar estupenda. Me han quitado un peso de encima con lo del cierre, eso es lo que pensaba yo decirle al señor Fajardo. Un alivio, chico, después de tanto tiempo de no parar un instante, no, de momento no estoy buscando nada. Así de bien pensaba quedar yo, como una señora, tranquila, dando una imagen serena. Y sobre todo nada de angustias, nada de agobios. Que lo peor es agobiar. Justo lo que estaba haciendo, ponerme a berrear como una loca y a moquear sobre el plato de menestra, delante de la mirada espantada de Juan Carlos. Porque hay que reconocer que estaba aterrorizado. Por los camareros, por las verduras, por el espectáculo que yo estaba dando, porque no sabía cómo quitarse de encima a esa muerta babeante que era yo.

Me calmé. Después de haber llenado de líquidos infectos todo un paquete de kleenex, pero me calmé a los pocos minutos. Lo que debes hacer ante todo es tranquilizarte, me dijo entonces el genio de Fajardo. La cosa no es tan grave, siguió luego hecho todo un padre, tú seguro que encuentras algo, la situación es mala, pero ya verás cómo no tendrás problemas. La clave es tener confianza y mucha serenidad, remató creyendo que descubría el océano. Y después de zamparse limpiamente la merluza, pidió la cuenta.

Puedes aprovechar para tomarte unas vacaciones, sugirió al entregar la tarjeta de crédito. Supe entonces con toda claridad que había perdido la más mínima oportunidad de hablar de trabajo, que mi desafortunado ataque de llanto había arruinado mi comida. Vacaciones, me mandaba de vacaciones como si tal cosa, como si una parada pudiera irse tan fresca de vacaciones. ¡Hala!, unos días a Nueva York, que estoy en la calle y necesito tranquilizarme. Le dije que sí, que me parecía una idea estupenda, que yo también lo había pensado, y que me rondaba por la cabeza pasarme unos días en Porto Cervo, en un hotel al que hacía tiempo había echado el ojo. Te llamaré a la vuelta, me despedí mientras comprobaba el destrozo que el barro había hecho en mis fantásticos botines. Al tiempo que me prometía firmemente no volver a verle nunca jamás.

14

EL PORTERO

Me ha mirado de una forma extraña. Buenos días, me ha dicho de forma mecánica, pero sus ojos tenían una expresión de curiosidad creciente. Eran las diez de la mañana y él está acostumbrado a verme salir siempre pasadas las nueve. Le cojo siempre fregando, que no sé cómo se las arregla para tener el portal empantanado a esas horas, cuando media casa va y viene de un lado para otro. Justo en el momento más inoportuno.

Lo de hoy, así aislado, no hubiera querido decir nada. Ha habido ocasiones en que he salido más tarde y aquí no ha pasado nada. Pero antes existía una razón. Esperaba al fontanero. O me encontraba mal. O había decidido ir directamente más tarde. Siempre tenía un motivo aunque él no lo supiera, ni falta que le hacía. Pero se notaba.

Ahora no. Ahora llevo dos semanas dando tumbos de aquí para allá, entrando y saliendo a las horas más insólitas y con cara de pato mareado, que eso también cuenta. Y lo terrible es que la explicación es de todo punto inconfesable. Salgo tarde de casa porque me han echado, Domingo. Porque mi portero se llama Domingo, un nombre que siempre me ha parecido un tanto profano, aunque se deba a un santo. Pues eso, ¿qué voy a decir?

Estoy en el paro, Domingo, y de ahora en adelante voy a salir de casa a la hora que me salga de las narices, así que deje de mirarme con esa cara de sapo, porque, si no, le tiro el cubo de la fregona directamente al suelo de mármol y lo estrello.

¡Pero seré imbécil! ¡A mí qué demonios me importa que mi portero me mire con la cara que tiene, feo como es el pobre! Bueno, pues sí, me importa. Así de claro. Me importa muchísimo.

Lo confesaré. A mí me encanta que todas las noches, cuando vuelvo del trabajo y cruzo renqueante el portal, me diga Domingo, ¿qué tal doña Isabel?, ¿cómo le ha ido hoy el día? Yo le contesto una cosa diferente en cada ocasión; procuro no repetirme como hace él. Pues bien, hoy ha sido un día algo pesado, pero he cerrado por fin el número. O ¡un día horrible, Domingo!, ¡no sabe la cantidad de pelmas que he tenido que aguantar! Él no lo sabe, pero hace como si lo supiera, y me mira con aire comprensivo. Suba, suba, doña Isabel, a descansar, que bien se lo merece. Y yo subo y pienso que sí, que me lo merezco, que ya está bien de darle al callo todo el día, que tan sólo he parado un rato a la hora de comer, y eso para ir al gimnasio, y que voy a beberme una copa de ese vino blanco de Rueda que tengo en la nevera ahora mismo. A su salud. A la salud de Domingo que me pregunta todas las noches qué tal me ha ido.

Y por las mañanas también. No, a las nueve no me pregunta cómo me ha ido el día, pues tampoco es tan cabeza hueca como para hacerlo. Pero me da los buenos días con mucha convicción y parece que no le importe nada de nada que le ponga la entrada perdida. Que se la pongo hecha un asco indefectiblemente. La verdad es que la culpa es suya, por ponerse a fregar en un momento tan inoportuno, pero la cosa es que se lo toma la mar de bien. Incluso cuando saco a Black a esas horas y el muy condenado lo empuerca todo: no pasa nada doña Isabel, ahora paso la fregona otra vez y se queda tan limpio. ¿Y ahora qué le digo? ¿Que no he cerrado el número y que no volveré a cerrarlo en toda mi vida? ¿Que no volveré a salir a las nueve ningún día más? ¿Que aquellos pelmas que aguantaba eran en realidad unas personas encantadoras a las que desearía recibir todos los días en mi despacho?

No, yo no digo nada y él, claro, no se entera. Se calla, porque discreto es muy discreto, no parece portero ni nada. Pero me mira como una lechuza, sin preguntar, pero fijándose mucho, eso sí, como escudriñándome el alma. En realidad no entiendo por qué me mira así, ni qué narices le importa todo este asunto. Si salgo de casa a las diez como si salgo a las doce, y si tengo cara de pato mareado peor para mí, que lo que es a él no le va a pasar nada.

Es lo que yo me digo: ¿qué pinta Domingo en esta desgracia? Pues nada, absolutamente nada. ¿Acaso es mi padre o mi madre? ¿Es mi guardián o mi marido? De verdad, me saca de mis casillas que me esté mirando con esa cara de cordero degollado, esperando siempre algo. Pensará: si a ésa la mandan a la calle ya no me dará la espléndida propina que me larga todos los meses. Le dará vueltas al coco: no pagará los gastos de la comunidad, y menudo lío vamos a tener. Como con la vecina esa del séptimo, que la hemos llevado a juicio por no pagar los recibos durante un año. Me va a pasar igual a mí, este taimado ya me lo está anunciando, muchos buenos días y buenas noches, y lo único que le importa es la propina. Y fregar varias veces el portal, menudo trabajo tan descansado tiene, limpiar sobre limpio, con lo agradecido que es ese suelo, blanco y rosa, como los dameros. Pues lo que es hoy le saludo a toda prisa y me largo corriendo, no vaya a ser que me pregunte y a ver qué hago. Ganas no me faltan de mandarle a la mierda por metomentodo.

De huir nada, porque no tengo por qué andarme con explicaciones. Me voy con la cabeza bien alta. Y si me mira que me mire. Porque, vamos a ver, ¿a cuento de qué viene esa obligación de dar explicaciones a todo el mundo? Estoy perdiendo hasta el más mínimo sentido común. Con Rosi, la asistenta, es distinto, no voy a poder mantener la situación.

Ella sí que está temblando, se está imaginando lo peor con toda la razón del mundo, ya me dijo el otro día, mi cuñado sigue en el paro, qué desgracia, Isabel, hasta le ha cogido mal de los nervios. No se dan cuenta de nada esos canallas que nos gobiernan y deben pensar que el cuñado de Rosi está tan ricamente cobrando sus cien mil pesetillas todos los meses y echándose canas al aire un día sí y otro también. Pues no, señores, está hundido en la miseria de no hacer nada, hecho papilla, auténticamente desmoralizado.

Como yo, como voy a estar yo dentro de nada, porque de momento me sostiene aún la rabia esa que me devora. Pero luego se irá y vendrá lo peor.

Aunque lo mío es distinto, hay que ser justos incluso en esta situación desesperada. Porque yo conozco a gente y tengo el piso de Madrid pagado, que no es poco. Y recursos, tengo un montón de recursos. En estos momentos no me acuerdo de ninguno, pero estoy segura de que tengo recursos, mis padres bien me lo dijeron, y también Juan Carlos. El mismo Juan Carlos a pesar del número que le monté me lo aseguró muy tranquilo, tómatelo con calma, Isabel, que aunque la situación está muy fea estoy convencido de que a ti no te faltará nada. No sé bien a qué se refería, porque disgustos sí que no me faltan.

Pero volviendo a lo del cuñado de Rosi. Ése sí que lo tiene crudo, estaba en la construcción y tiene para rato, aunque haga alguna chapuza de cuando en cuando, y bien hace, ¡no faltaría más!, ¿cómo va a vivir con cien mil pesetas? Un poco más creo que le dan por los dos hijos, pero no será mucho, y con eso no tiene ni para una sola cana al aire y el Gobierno le exige a un parado que se eche varias, para poder despotricar a gusto contra él; no sé por qué tienen todos esa manía a los parados, no les pueden ni ver. Amarilla se les pone la cara cada vez que nos mencionan. Odio, puro odio, es el que nos tienen los condenados, como si estuviéramos en la calle por nuestra voluntad, por puro gusto, para fastidiarles a ellos; no se dan cuenta de que siempre hay alguien que nos ha empujado. Alguien con nombre y apellidos. Y de ésos ni se acuerdan cuando nos nombran. Más parados, y ellos llenos de rabia. Y de los que nos echan nada, silencio absoluto, como si fueran santos de altar.

Pues eso, Rosi me habló de su cuñado y no era casualidad. Ésa se olía algo, que es un rato lista. Ya dice ella, cultura no tengo, no he tenido oportunidad, pero tonta no soy. ¡Qué va a ser! Aunque tampoco es tan raro que se haya dado cuenta, pues llevo más de dos semanas que no doy ni golpe, la casa anda manga por hombro y el horario desbaratado. Con lo maniática que soy yo con los horarios. Y ella lo sabe de sobras.

A las ocho en punto estaba yo siempre en pie para sacar a Black a la calle, duchada, arreglada y bien desayunada, que yo el desayuno no lo perdono. Mi café bien negro, una tostada de pan integral con queso descremado, y la manzana de rigor, que es la fruta más completa que hay, aunque sea también la más aburrida. Siempre lo que sienta bien suele ser lo más sinsorgo del mundo. No entiendo cómo se puede decir que la naturaleza es sabia cuando está llena de incongruencias. Cuando ella llegaba, yo ya estaba de vuelta y le daba las instrucciones para el día, la comida de los niños y todo eso, pues me gusta dejarlo todo bien dispuesto y con tiempo.

Ahora todo es un desastre. Tengo que preparar los bocadillos para los dos mostrencos a toda velocidad y apenas me da tiempo de vigilar si se han bebido toda la leche, que por mí como si la vomitan. En cuanto les veo salir por la puerta me siento en la butaca de mi habitación derrengada, con ganas de meterme de nuevo en la cama, como si ya hubiera pasado todo un día, del cansancio que llevo a cuestas. Es justo cuando llega Rosi. Con disimulo, hago como que arreglo los papeles de la mesa o me pongo delante del ordenador como si estuviera muy concentrada. No puedo soportar que me vea sentada tan cómodamente, como si no tuviera nada que hacer.

Y no estoy cómodamente sentada, pues bien que me torturo a todas horas, y a ésas las que más, pero ella no lo sabe. Y es que se me cae la cara de vergüenza que ella llegue antes de las nueve, algunas veces incluso a las ocho y media y se ponga a limpiar todo con tanto arremango, y eso después de dejar su casa como los chorros del oro, que lo sé yo muy bien, y de levantarse a las seis para preparar el desayuno de su marido, con el turno de las ocho en la otra punta de Madrid. Antes, ya digo, me ponía con ella a ver lo de la comida y salía disparada. Ahora simulo que hago algo, pero acabo yendo a la cocina, pues la hora de comer es sagrada para los becerros de mis hijos. Para mí, no. Normalmente no vengo ningún día, y aprovecho para ir al gimnasio.

Eso era antes, claro, ahora ni como, ni me muevo, ni nada.

De todas maneras tendré que decírselo, porque me voy a quedar en casa todo el santo día, y alguna explicación tendré que darle. Y asustada no tiene por qué estar. Lo que no pienso hacer es precindir de ella. Eso imposible. Ya veré cómo me las arreglo, pero desde luego Rosi se queda aquí y no se hable más. De momento tengo lo de la indemnización, que, la verdad, me quita los apuros más urgentes. Y luego ya encontraré algo. Y si no, hablo con

Jorge, que al fin y al cabo son sus hijos, y yo no puedo estar pendiente de ellos todo el día. Menos aún ahora, que tengo que buscar trabajo. Sólo de pensarlo me entra una rabia que me muero. No, por lo del trabajo no, aunque también.

Jorge, en el fondo, siempre ha pensado que soy una inútil y con toda esta historia no voy a hacer más que darle la razón. Como de costumbre. Encima se reirá de mí; todo lo mío le parecen tonterías, y para colmo no me soltará ni un duro, que simpático y dicharachero es como pocos, pero más agarrao que un nudo. No, de momento, de hablar con él nada, eso es lo último, que se me van a venir todas las angustias juntas a la garganta.

Pero Rosi se queda. Eso se lo voy a dejar muy claro. Mira Rosi, han cerrado la revista y de momento me voy a quedar en casa, pero tú no te preocupes, que te voy a seguir necesitando como antes. Y más, mucho más que la voy a necesitar, porque no doy pie con bolo y la casa está hecha un desastre. Antes no paraba pero el tiempo me cundía el doble. No puedo comprender qué es lo que hacía, pero los resultados estaban a la vista: la casa limpia y organizada y la nevera al completo. Y ahora nada. Una perfecta inútil, eso es lo que estoy hecha. Y para colmo, me importa un bledo mi absoluta nulidad, que lo que es con estos ánimos no voy a salir nunca de ésta. Y qué. Me quedo en el fondo y ya está. Bien ahogada. Como mi coche, ni para adelante ni para atrás. Y que Rosi se haga cargo de todo.

No, si decírselo se lo tengo que decir, no hay más remedio. Lo del portero aún resiste el engaño, pero con Rosi no, que vamos a estar aquí las dos, mano a mano.

A lo mejor me deja. Es posible que cuando yo le diga que ya no tengo trabajo, que me han cerrado la revista, ella piense que no, que ella no limpia la casa de una parada, que eso no puede ser, dónde se ha visto ocuparse de una inactiva, de una inservible, de una auténtica lacra. ¿Qué va a decirle a su marido? La señora está en el paro, pero no pasa nada. ¿Y a sus amigas? ¿Qué explicación les va a dar a sus amigas? Un disparate. Eso es lo que es. Ir a trabajar a casa de una parada. ¡Hala! Levantarse todos los días y decirse, a casa de Isabel, la parada, a trabajar. ¿Qué respeto me va a tener? Todo el día tropezándose conmigo por los pasillos, cuando pase la aspiradora, con el cristasol en la mano, con la ropa sucia para poner una lavadora. ¡Ya podía hacerlo ella!, pensará. Y con toda la razón.

Pero a ella no le da la gana hacerlo. A mí no me sale de las narices pasar la aspiradora, frotar la bañera con Ajax ni quitar el polvo a los libros. Hasta aquí hemos llegado. Si se avergüenza de mí, si no quiere seguir conmigo, que se busque otra casa, que no va a encontrar una mejor que la mía. Porque le dejo hacer las cosas a su manera, sin meterme yo en nada. Con tal de que lo tenga todo limpio y me organice las comidas, yo estoy tranquila. Y bien amable que soy, que le escucho todas las historias mientras hacemos el plan matinal. Y si no, ¿cómo sé de pé a pá todo lo de su cuñado? Ahora que lo pienso eso fue muy mala idea por su parte, pues se podía imaginar que los tiros iban por ahí, y que de la angustia que me entró estuve a punto de soltarle todo lo mío. Y menos mal que me contuve; a lo mejor en este momento ya Rosi me habría mandado a hacer gárgaras y yo sin recambio alguno, teniendo para colmo que hacerme cargo de la maldita aspiradora.

¡Pero qué me va a dejar! No pienso más que disparates. Rosi se queda y encantada de la vida. ¿Qué más le da lo que haga yo durante el día si al final va a cobrar a fin de mes, como siempre? Una mierda le importa la revista y toda la redacción al completo. Ella lo único que quiere es seguir tan tranquila, haciendo la casa a su ritmo, que aquí no ha pasado nada. Y a su marido le importa aún menos, no debe saber ni de dónde le viene el dinero a esta familia. No hago más que liarme yo solita, que es lo que me falta, perder ahora la cabeza, justo cuando más la necesito. Aunque bien pensado, maldita la falta que me hace. No me crea más que problemas. Pero Rosi se queda y mañana sin falta se lo cuento todo.

15

EL METRO

Acabo de tomar la decisión. Ni un taxi más. Se acabó para siempre lo de levantar la mano, que era tan cómodo, sentarme tan tranquila, decir la dirección y que me llevaran como a una reina. No hay cosa que me guste más que los taxis. Porque viajar en coche es una lata, conducir por Madrid a lo único que lleva es a la desesperación final, y eso es precisamente lo que me hace falta en estos momentos. Ya lo vi el otro día, cuando los nervios me jugaron una mala pasada y el coche nada, como si estuviera pintado. Lo que es la vida, justo cuando me vendría bien un poco de tranquilidad, una calma, un chófer a mi puerta y disposición, o al menos un buen taxi, pues a fastidiarse, ya que no puedo ni debo permitírmelo. Tengo que dar ejemplo a los niños, que se van a pensar que aquí no ha pasado nada. Y también por mí misma, si fuera por ellos los cogería igual, a ver si ahora me van a tener vigilada como el portero.

No, no, es por mí. Todo ha sido muy cómodo hasta ahora. Levantar la mano y ya está, Madrid lo mejor que tiene es eso, que los taxis vienen por oleadas, tan relucientes y bonitos con su luz verde esperanza. Y dicen que los taxistas son odiosos, pero a mí me parecen estupendos.

Dan conversación de esas que digas lo que digas no pasa nada, que si el tiempo, que si el tráfico, que si las obras, que si el Ayuntamiento. Y si se ponen pesados y te adoctrinan, que los hay, pues nada, desconectas y dices a todo que bueno, que no importa un pimiento. Llegas a destino y sanseacabó, si te he visto no me acuerdo, no vuelves a verlo en tu vida. Es curioso, yo que cojo tantos taxis y nunca, pero nunca, me ha ocurrido coger el mismo en dos ocasiones. Nunca he repetido. Y eso da mucha tranquilidad.

Pues nunca más. Lo siento un montón, pero jamás de los jamases. Bueno, tampoco por qué ponerse así, que las cosas pueden cambiar. Pero lo que es de momento ni hablar del asunto. Te pones a sumar y el presupuesto sube una barbaridad. Cuatrocientas de aquí, seiscientas de allá, y acabas con varios miles a fin de mes. Y yo no estoy para estos excesos, que no sé lo que va a pasar con mi vida. Y el coche poco, pues entre la gasolina y los aparcamientos te cuesta la torta un pan. A veces no hay más remedio. Se habla mucho de los transportes públicos pero deben estar hechos un asco, ya que todos los días hay artículos en los periódicos con quejas, y por algo debe ser. Pues ahora lo voy a comprobar, me guste o no me guste. Y los chicos también, ¡no faltaría más!, son unos señoritos del pan pringao y hay que llevarlos y traerlos como si fueran príncipes.

Esto se va a acabar. Lo de llevarlos, lo de traerlos y lo de mis taxis. Empieza una nueva época, hay que ahorrar. No ahorrar por ahorrar, que nadie piensa en eso en estos momentos, sino simplemente por no gastar, que es algo muy distinto.

Harta estoy de oír que es bueno guardar para mañana, que nunca se sabe lo que va a pasar. Cuando se sabe, ¡claro que se sabe! Mañana te van a despedir, a ti que me estás oyendo, a mí y a todo el que asome la cabeza por la puerta. Todos despedidos, eso es lo que va a pasar mañana.

Ése es el futuro. El paro total, el colapso definitivo. Cuarenta millones y pico de parados, no sé cuánta gente vive en este país. Y más millones en Francia, en Italia, en Portugal, en Alemania y así sucesivamente. El estrangulamiento absoluto.

No, nada de meter el dinero en un banco; ya se sabe lo que hacen con el dinero ajeno, pagar indemnizaciones a los despedidos. Nada de bonos del Tesoro ni fondos de inversión, que con este mañana que se ve venir va a ser un papel que no va a servir ni para limpiarse el culo. ¿Voy a pretender ahorrar ahora yo con este porvenir tan luminoso que se ofrece? No, lo único que pretendo es gastar lo mínimo posible simplemente porque aquí no va a entrar ni un duro. Y hay que consumir el dinero despacito, a ver si cunde. De lo contrario no hay manera ya no de llegar a mañana, sino incluso a esta misma tarde. Y esto no ha hecho más que empezar.

Pues eso, al metro y al autobús, que deben ser bien baratos, y si hay apretones me aguanto; tampoco te dan nada de rositas, y si hago cola, pues la hago, no se me van a caer los anillos, y para los cines bien que me pongo en la fila. La gente también hace cola para comulgar y no se avergüenzan de ello, y en las ventanillas de los bancos, y para matricularse en el Instituto Británico y para sacar entradas para la ópera. Nada, lo de las colas es lo más normal del mundo; me pongo en la parada del autobús, espero mi turno y subo. Y pago mi billete. ¿Y qué pago? ¡Dios mío! ¡Si no sé ni lo que cuesta! De preguntar nada, que si no me mirarán con una cara rarísima. ¿Es que usted no ha montado nunca en un autobús? Pues sí, sí que lo he hecho, mire por donde, pero hace muchísimo tiempo y costaba un duro, así que haga el favor de callarse y déjeme en paz, que bastante desgracia tengo. Como no voy a decir ni esto ni nada de lo que se me ocurra en ese momento, lo que haré será sacar una moneda de veinte duros, pues no va a costar más que eso seguro, aunque quién sabe; pero no, no es posible, porque de ser así, ¿cómo vive la gente con esos sueldos de mierda? Nada, yo saco los veinte duros y pago mi billete como todo el mundo.

Lo que hay que tener ahora es esa tarjeta del bonobús, con la que Sagrario anda siempre a vueltas, que si no sé dónde la he dejado, que si la acabo de encontrar. Le tengo que preguntar dónde se compran; de verdad que no sé qué voy a hacer sin ella, es una auténtica desgracia eso de no saber nada por mí misma, si se enteran no me van a contratar en ningún sitio. Y seguro que se van a enterar. Y contratarán a Sagrario, sin duda. Que sabe lo del bonobús y muchísimas cosas más de las que yo no tengo ni idea.

Nada, eso ni pensarlo. Lo del metro también se lo pregunto, aunque yo creo que también con la moneda de veinte duros salgo del paso, y las líneas yo me las sabía al dedillo. Hoy dejo el coche en casa y cojo el metro, que algún día tengo que empezar. Lo del autobús me lo resuelve ella.

Pues no está tan mal, después de todo. El billete me ha parecido carísimo. Menos mal que he dado una moneda de quinientas, ya que con la de veinte duros no me hubiera llegado. Una auténtica barbaridad. Si vamos cuatro compensa coger un taxi. Pero ¿qué digo?, eso ni mencionarlo, se empieza con excusas tontas y se acaba levantando la mano como una posesa, lo sé de sobras, así empecé yo. No, mañana compro el taco de diez billetes, que me he fijado es mucho más barato, hay que enterarse de todo.

Línea directa. Y poca gente, claro que era una hora buena, las diez de la mañana, una vez que han pasado ya los apretujones; no entiendo cuánta gente va a trabajar con el paro que hay. Pues en el metro ni se nota. Todo el mundo trabaja. Los que íbamos en mi vagón a lo mejor no, ya que las diez no son horas de entrar al trabajo. Una chica vestida de negro, pero no de luto, sino de negro porque le daba la real gana, con el pelo un poco en punta, no demasiado, tan de mañana no hay punky que se ponga a esculpir la cabellera. Varios señores de más que mediana edad, esos seguro que son desocupados porque ponían una cara tristísima. Una pareja de jóvenes con pinta de estudiantes y carpetas bajo el brazo. Un mendigo cultísimo que tocaba el laúd y pasaba luego muy educadamente el sombrero. Una señora regordeta, con un chaquetón de conejo, que se me ha sentado al lado y rezumaba perfume de rosas sintéticas. Y alguno más que pasaba sin pena ni gloria.

A propósito de perfume, lo que más me ha llamado la atención del metro ha sido el olor. No puedo comprender cómo se puede lograr ese olor tan especial que no se da en ningún otro lugar del mundo. Porque no puede deberse sólo a lo del subterráneo. De hecho el metro de París, que yo lo utilizo siempre que voy, no huele así ni de lejos. No, ni tampoco los hacinamientos, en los cines tampoco huele así. Es una cosa realmente extraña, mezcla de quemado, de rancio, de humos y de basura inorgánica, que no huele a podrido exactamente. En cuanto he bajado al andén me ha invadido el dichoso olor hasta las mismas tripas. Es cosa de hacerse a la idea, porque acostumbrarse uno no se acostumbra. Se creerán los que transitan por arriba que los pobres de abajo no tenemos olfato. Pues de eso nada, que bien se nota en las caras que a nadie le gusta oler lo que huele, pero se aguantan.

¡Qué van a hacer! Pues echarse encima litros de perfume como la gorda esa que estaba a mi lado, que se ve que se ducha en rosas destiladas para sólo olerse a sí misma. Yo creo que no iba a ningún trabajo. ¿A dónde irán entonces? No es que hubiera mucha gente, pero cuando he subido a la calle me he dado cuenta de que había un atasco tremebundo en plena Castellana, a las diez y media en punto.

La verdad que eso sí que me ha dejado de piedra, porque no conozco ningún trabajo que empiece a las once. No existe empresa alguna en la que se pueda entrar a trabajar a esas horas. Parecía que eran las ocho y media y que todo el mundo se desgañitaba por fichar a las nueve en punto. Serán comerciales, publicitarios o gente así, ya que se veían coches de esos deportivos y llenos de alerones. Porque de excursión no iban, pues tan sólo iba dentro el conductor y además con cara de pocos amigos. Y los niños han llegado ya todos al colegio. Parados no pueden ser, no van a estar dale que te pego, quemando gasolina como insensatos, con las penurias que están pasando. Pero no puede haber tanto vendedor suelto por Madrid ni aunque hubiera una convención mundial, que no la hay, de eso estoy segura, puesto que lo habría leído en el periódico, y además en tal caso los llevan en autobuses. A lo mejor hay muchos trabajos que se hacen así, sobre cuatro ruedas. Incomprensible. Absolutamente incomprensible. La cosa es que nunca me había fijado en ese misterioso asunto. Todo el santo día encerrada entre cuatro paredes y, por si fuera poco, con luz artificial, pues mi ventana da al maldito patio de luces, y con la mesa abarrotada ni me veo.

Lo que no entiendo es cómo nadie ha hecho un estudio a fondo sobre los atascos de media mañana, ya que esto no es flor de un día. Al menos un buen reportaje. ¿A dónde va usted? ¿Usted a dónde se dirige? Se podrían sacar conclusiones chocantes, como que el cincuenta por ciento de la población madrileña con coche son rentistas que se dedican a enfurecerse dentro de sus vehículos, a los cuales quizá sacan a pasear todos los días igual que yo hago con Black. Y el otro cincuenta son vendedores. De conservas, de leche en polvo, de potitos, de pasta fresca, de jerseys, de ropa de cama, de morcillas, de lencería fina, de lo que sea. Debe de ser herencia fenicia. El Mediterráneo debía de estar como la Castellana cuando venían todos aquellos barcos cargados de mercancías desde el Oriente Próximo, pues hay que ver el valor que le echaban. Igualito que éstos. Hay que tener mucha hambre o mucha afición para meterse en un atasco de esta magnitud. Y todos los días. Se ve que a éstos no les coge de sorpresa, que ya están acostumbrados a enfurecerse así a diario.

Y claro, los vendedores deben tener coche, es una herramienta de trabajo fundamental, como los barcos para los fenicios. Desde luego, los que no lo tienen o están parados y no salen de sus casas o bien están todos trabajando. Porque en las aceras no hay atascos. Ni el metro padece aglomeración alguna. Que es lo propio a estas horas. Y las personas que había seguro que iban a hacer sus gestiones tan tranquilas, sin avasallar, no como los locos estos de la Castellana. Y los jóvenes a alguna academia, que tienen un horario un tanto flexible. Y otros de compras, pues también los pobres tienen que comprar de vez en cuando alguna cosa. Todo normal. Lo realmente extravagante es lo de las calzadas, todas llenas a rebosar de coches que no saben a dónde van ni de dónde vienen.

Locos furiosos, hay que ver la cara que tenían los conductores atascados; ésos no venden hoy ni un duro, a ver quién les va a encargar algo con esa rabia que les brilla en los ojos, que producen auténtico espanto.

La vuelta ha sido peor, pues me ha cogido en hora punta. Una hora que debe de ser larguísima, no de sesenta minutos ni hablar, por lo menos debe de durar sus buenas dos horas largas.

Ya me lo ha advertido Sagrario, a quien le hacía mucha gracia que hubiera venido en metro. No entiendo el chiste, de gracia nada, que es pura necesidad. A ver qué se va a creer ésa, que soy rica por mi casa, y que no tengo otra cosa que hacer más que regalar mi dinero a los taxistas. Es una desustanciada, que pasa del llanto a la risa sin venir a cuento, y desde luego lo del metro no es para ponerse a lanzar carcajadas como una descosida, que lo hago porque no tengo más remedio. No es que tenga mala voluntad, pero francamente me ha sabido a cuerno quemado esa risa tan tonta. Aunque me ha dicho lo del bonobús, y me lo va a sacar ella, lo cual es de agradecer, porque a mí todo se me hace un mundo en estos momentos. Y me gusta ir ya preparada con mi tarjeta en la cartera, por si me vienen bien las conexiones, porque yo con los autobuses soy muy despistada.

Pues eso, me lo ha advertido. Ahora estará hasta los topes, ya te puedes preparar, Isabel, me ha dicho mientras trataba de contener la risa, pues ha visto lo mal que me habían sentado las carcajadas de esta mañana. Y ha acertado. En las malas predicciones nunca se equivoca la muy condenada. Cuando he bajado a los andenes me he quedado estupefacta. Parecía que repartían cupones para el sorteo gratuito de un coche, que es la obsesión de los que van por el subsuelo, tener coche y quedar atrapados como los que he visto esta mañana. No regalaban nada. Al parecer, aquella multitud sólo esperaba que llegara el próximo tren, y cuando ha llegado no he podido entrar de la gente que había apelotonada, de puro miedo a que me guillotinaran las puertas. Una estupidez de novata, y con el siguiente ha ocurrido igual, sólo que me he lanzado dentro la primera, ya que me encontraba en la fila de delante.

Lo que son las cosas, así tan apretados todos, lo del olor se nota menos. Lo que más molesta es la sensación de asfixia, y, ya se sabe, un clavo quita otro clavo, y es que no se podía respirar, y menos aún leer el periódico. Había pensado yo echarle el ojo a un par de artículos y ha sido materialmente imposible, ni sacarlo de debajo del brazo he podido.

Todos parecían venir de trabajar, tan ricamente, con una cara de cansancio tremebunda, no entiendo a qué viene tanto agotamiento, cuando lo que más cansa es estar parado.

Así, como estoy yo, que ya iba siendo hora de que me diera cuenta, y el metro es infalible para ello; no sé qué pintaba yo allí, sólo lo utilizo porque no tengo más remedio, por eso, porque estoy en el maldito paro, y por tanto condenada a los apretujones, las horas punta, los pitidos salvajes de la máquina, que por poco me perforan los tímpanos, el olor de mierda y la lucha por la vida. Parece un disparate, pero es la pura verdad.

16

EL ENCUENTRO

La culpa de todo la ha tenido el banco. En realidad he ido un tanto obligada, malditas las ganas que tenía, lo odio, parece un mausoleo, y todo el mundo con aspecto acongojado. Pero tenía que sacar dinero y enterarme del saldo, y no consigo recordar la enrevesada cifra que me ha tocado en suerte para lo del cajero, me patina la cabeza cada día a más velocidad. Si no llego a ir, pues ni me entero y así me ahorro el disgusto, que bastante tengo con lo que tengo. Pero no, he ido y bien que me arrepiento. Por poco me da allí mismo un pasmo.

Con la boca abierta y el corazón encogido me ha dejado el encuentro. Nunca hubiera pensado que una cosa así le pudiera pasar a Fernando. Ahora que lo pienso tampoco sé por qué me asombro tanto, ya que estoy harta de vivir la crisis en mis propias carnes. Pero es que hay cosas que parecen materialmente imposibles. Como que Fernando esté así, en la puta calle, como yo, como el cuñado de Rosi, como esos famosos millones de desgraciados. Ha sido todo por ir al dichoso banco. Malo para estar solo, es aún peor para encontrarse allí con alguien, que siempre da la sensación de ser un lugar muy íntimo, para hablar en voz baja.

Justo cuando me dirigía a toda velocidad hacia la caja me he dado de bruces con un señor muy serio que con una rapidez no menor venía en dirección contraria a la mía. No le he reconocido hasta que nos hemos mirado para darnos, muy correctamente, las correspondientes excusas.

Era Fernando. Más envejecido, abiertamente lúgubre, pero era él. ¡Pero hombre, cuánto tiempo sin verte!, le he dicho lo más jovialmente que he podido dados mis nada joviales ánimos actuales. Sí, mucho, me ha respondido mecánicamente y como si no me hubiera visto. ¿Qué tal todo?, he proseguido yo por decir algo, sin darme cuenta de que hay preguntas que nunca jamás deben hacerse, y mucho menos en estos tiempos tan siniestros que corren. Pues muy mal, me ha respondido sin ninguna gana de hacerlo y con abierto tono derrotado. De espanto, ha concluido amenazando con no volver a despegar los labios. Pero ¿qué ha pasado?, he insistido yo como una tonta pensando enseguida que debía de haberse muerto su mujer o alguno de sus cuatro hijos, o todos de golpe, y que mejor me callaba o simplemente huía a todo correr. Pues que estoy en la calle, me ha respondido finalmente temblándole todo el cuerpo. Una reestructuración de la empresa y me ha tocado a mí la china, ya ves. Lo miraba. Ante mí tenía a un hombre completamente destrozado, cuyo cuerpo reflejaba el peso de cada uno de los días de sus cuarenta y muchos años.

En su piel, en su pelo blanquecino, en sus ojos gastados. ¡Por eso no le había reconocido en un primer momento! El Fernando que yo conocía parecía haber nacido para triunfar. Atractivo, simpático, concienzudo, siempre le había envidiado íntimamente sus dotes de seducción, su capacidad para convencer a cualquiera de su valía. Íntimo amigo de Jorge desde la infancia, había seguido paso a paso su imparable carrera profesional, e incluso después de nuestra tormentosa separación había mantenido una buena relación con él. Era, por otra parte, imposible no hacerlo.

Se había casado con una mujer adorable y guapísima, y tenía tres hijos de edades aproximadas a las de los míos y uno ya tardío que había nacido tan sólo hacía unos pocos años. Ahora parecía una caricatura macabra de sí mismo. Y resultaba que estaba en la calle.

¡Vamos a tomar un café ahora mismo y hablamos!, le dije pensando que contarnos nuestra semejante situación podría consolarnos algo a los dos. Ante su cerrado mutismo le arrastré hasta el bar más cercano y le puse rápidamente en antecedentes sobre lo que me había ocurrido.

No me escuchaba. Sorbía el café con la mirada perdida en algún lugar poco recomendable a juzgar por su terrible expresión, ajeno a todo lo que no fuera él mismo. Estuve a punto de darle un puntapié en la mismísima espinilla para que me hiciera caso, pues también yo era desgraciada después de todo, pero me contuve al observar su expresión desesperada.

Bueno, cuéntame tú, dije yo después de dar por finalizada mi breve y poca animosa exposición.

Estoy en la ruina, pringado hasta las cejas, empezó él lentamente. No sé qué hacer, era imposible imaginar esto, siguió balbuceando torpemente.

Yo conocía de sobras esa sensación y sabía de antemano que sería imposible arrancarle mucho más. Ni ganas tenía de entrar en los sangrientos detalles de su despido. Y aún menos de enterarme ni un punto más de su negra situación. Con la mía tenía bastante.

Empecé a maldecir por haber ido justo en ese momento al dichoso banco, me prometí cambiar de sucursal para evitar así cualquier futuro encuentro, y me aborrecí en lo más profundo de mi ser por haberle arrastrado a tomar ese maldito café del que Fernando no podía despegar los ojos.

Decidí que lo más oportuno era desaparecer de inmediato y acabar con ese silencio de forma rápida. No pude hacerlo.

En el momento preciso en que me acerqué para darle un escueto beso de despedida, Fernando me cogió por los hombros y lanzó una amenaza. Me voy a matar, dijo en tono dramático.

Fue horrible, porque una risa nerviosa empezó a sacudirme todo el cuerpo anunciando un auténtico ataque de histeria. ¡Para suicidios estaba yo! Y nada menos que a plena luz del día, en un bar de la Castellana. Me pareció un auténtico disparate. ¿Cómo se iba a matar? ¿Llevaba una cápsula de cianuro como los espías y se lo tomaría aquí, con el café de mis pecados? ¿Iba a pedir un cuchillo al camarero para clavárselo a continuación montando la escena del siglo? ¿Se abriría las venas con una hoja de afeitar y me pondría toda perdida? No se me ocurrían más que despropósitos.

Traté con todas mis fuerzas de controlar los nervios y las carcajadas. Y de contener mi fantasía. En realidad no sabía qué hacer, lo cual ahora me parece de lo más lógico, porque una no se encuentra en un banco todos los días con un amigo que se quiere suicidar. De momento le convencí de que saliéramos a la calle, que me parecía menos peligrosa en comparación con ese bar absolutamente repleto de objetos punzantes.

En medio del ruido infernal que armaban las riadas de coches y de autobuses me lo fue contando todo. Un auténtico serial televisivo. La casa de La Moraleja que le había costado unos millones que ni tenía ni volvería a tener en toda su vida, los niños en un colegio privado que le costaba más que un solo mes en Harvard, la mujer con tarjetas de crédito de oro que empleaba con más habilidad que un jugador profesional su baraja, la casa de Cala D'Or cuyo alquiler para el próximo verano ya estaba comprometido. No me podía creer en tantos tópicos juntos, tan completos y tan a lo vivo. Era verdad. Todo lo que contaban las revistas y los periódicos sobre la crisis de los directivos era pura verdad, una realidad aplastante.

Porque lo mío no era una crisis, fue conclusión a la que llegué en ese preciso momento. Lo mío era una auténtica tontuna. Y lo del cuñado de Rosi, una verdadera fruslería. ¡A ver! ¿Tenía yo acaso un crédito de treinta millones de pesetas, a pagar en quince años con sus correspondientes meses? ¿Tenía el cuñado de Rosi que cancelar de forma apresurada cuatro tarjetas oro? ¿Teníamos alguno de los dos, por poner un ejemplo, que pagar medio millón por los colegios al mes? Pues no. Lo mío era una tontería, una auténtica insignificancia, una nadería. Lo del cuñado de Rosi, una nimiedad insignificante.

La verdad, me quedé pasmada. Fernando, el mismo que antes me había parecido una persona juiciosa y sensata, había caído ingenuamente en la más estúpida y cruel de las trampas.

Para siempre. Se creía que su magnífico sueldo de mimado ejecutivo iba a durarle de por vida. Como un seguro civil, como un juramento sagrado. Y había montado su vida sobre un suelo de arenas movedizas. Un pantano, eso es lo que es el trabajo. Un pantano cenagoso que se hunde según lo pisas. Me entró un auténtico vértigo. Yo misma me lo había creído. Yo, ahora tan lúcida y perspicaz, había estado convencida de que iba a permanecer de directora de una revista toda mi vida.

Me había salvado por los pelos. Porque odio vivir en las afueras, porque no tenía una mujer guapísima y encantadora, porque tenía dos becerros adorables en vez de cuatro hermosos hijos. Mi piso me había parecido siempre suficiente y estaba pagado y bien pagado. Sólo tenía el punto negro de la casa de la playa, pero en realidad era una nimiedad comparado con el palacio de La Moraleja de Fernando.

Porque, además, yo siempre había creído que Fernando era rico. Rico de verdad, con dinero contante y sonante. Ese tipo de fortunas que no vienen de un día para otro, sino que se forman a base de muchas generaciones de herencias. Porque ahora se cree rico cualquier personaje que tenga un sueldo de esos altísimos, bien blindados, de los que ponen como ejemplo los periodistas económicos. Y ésos son tan sólo simples advenedizos. Flor de un día. Y si no, que se lo cuenten a Fernando, que se creía rico hasta que le vinieron los alemanes y le dijeron usted fuera, ya ha dado de sí todo lo que queríamos, ahora ya no nos interesa, váyase con la música a otra parte. Y a partir de ese momento dejó de ser rico. Automáticamente pasó a ser no sólo un apestado, como corresponde a todo aquel al que envían directamente a la calle, sino también un desgraciado endeudado, carne de cañón de prestamistas, empresas financieras y bancos. Lo que digo, una persona así nunca en su vida fue rica, aunque el muy desgraciado se lo creyera, porque hay gente dispuesta a creerse lo más inverosímil.

Los ricos de verdad no se arruinan nunca. Es más, en el remoto caso de hacerlo, su ruina suele ser esplendorosa, motivo de comentarios y envidias, pasto de comidillas y alimento de maledicencias.

Una quiebra como Dios manda, bien aparatosa, suele dejar tras de sí unos ricos aún más granados, limpios ya de conflictos y deudas, unos ricos mucho más presentables, curtidos y avezados que tan sólo lamentan haber perdido en la terrible desgracia algún Picasso o un dibujo de Goya.

En resumen: yo, en vez de una infecta parada como

soy, lo que más desearía en la vida es ser una rica arruinada. Entonces se acabarían de inmediato todos mis problemas.

También los de Fernando si lo fuera. Pero no lo es, a pesar de que lo parecía, que es lo que no entiendo. A cuento de qué ese empeño en parecer un ricachón envidiable con un montón de coches, yate en verano, y esa casa que yo siempre había pensado que se la habían regalado sus padres, y los cursos de cosas rarísimas en Estados Unidos, y ahora voy a Tailandia y mañana me planto en el Tibet, y el hotel aquel que me han recomendado en el lago Garda; cualquiera hubiera dicho que fabricaba el dinero por las noches.

En realidad no me da ni pizca de lástima, ya que al fin y al cabo era un empleado como yo, con un sueldo mejor que el mío, eso sí, pero empleado. Y encima, un tonto del culo que se creía rico.

No se suicidó, al menos en presencia mía. Después de recorrer un buen trecho de Castellana, se advirtió de la hora y se despidió a toda prisa. Tenía que hablar con el director del banco, que en realidad era el verdadero motivo de nuestro encuentro.

Le dejé aliviada. Yo también me había dado cuenta de que eran las mil, pero no tenía cuajo de decirle adiós después de lo que me había pasado en la primera intentona de aquel día.

Seguro que si soy yo la que pongo el punto final a nuestro paseo, lo del suicidio esta vez va en serio.

Y encima me había quedado sin sacar dinero del banco. Desde luego, lo que no iba a hacer era volver sobre mis pasos y toparme de nuevo con la pesadilla de Fernando.

Me di cuenta mucho más tarde. Fernando estaba en mi lista. Sí, en la lista de llamadas que tan concienzudamente me había apuntado Sagrario. La verdad es que estaba obsesionada con aquella cara de tortura, aplastada por las deudas, los créditos, los impagados, los montantes inconmensurables de millones y no podía pensar en otra cosa. Porque lo del suicidio me había puesto histérica de momento, pero lo que realmente me abrumaba era pensar que todo ese dinero junto, amontonado, un dinero que nadie sabía de dónde podía salir. Y Fernando menos que nadie, así estaba él.

Ahora, con más calma, lo tengo claro. Que lo venda todo, que mande la casa literalmente a la mierda y La Moraleja a freír espárragos, con lo incómodo que es estar todo el día para arriba y para abajo, en la carretera, en los atascos interminables, con la poca falta que le hace el aire puro si se pasa las horas pensando cómo matarse.

Que lo liquide y fuera, no se acaba el mundo por vivir en Moratalaz.

Además, su casa debe valer muchísimo más de lo que debe, y le da de sobras para comprarse un piso apañado como hacemos el resto de los mortales. Y eso los que pueden, como no es el caso de Rosi, ni de su cuñado, ni de mi portero, ni de muchísimos de los que van en el metro, que ésa es otra, estoy segura de que esos niños tan guapos no han bajado nunca al metro, deben pensar que es cosa de los infiernos, y nos les falta razón, pero qué remedio. Y no hablemos de la encantadora de su mujer, a ésa se le ha acabado ya lo de estar estupenda, a ver cómo se arregla ahora sin los masajes, las hidroterapias y tantísimas cremas, que hay que ver el dinero que se le va a una en eso.

Pues ya está, ni Moraleja ni *liftings*, y mucho metro, que eso tranquiliza mucho. Y se acabaron de raíz todos los problemas.

El mío no. Porque tengo un nombre menos en la lista. Y uno de peso. Porque yo tenía muchas esperanzas puestas en los contactos de Fernando. Y se han esfumado, para contactos está él, con lo que los necesita y lo que le van a hacer falta. Porque van a desaparecer todos, como por ensalmo.

Buenas palabras y poco más. Como a mí. Exactamente igual que a mí. Por la simple desgracia de no ser rico. Y encima creérselo.

17

LA CRISIS

De verdad, yo me lo había creído de cabo a rabo. Ya me lo dice Miguel, que mucho hacerme la lista, pero que en el fondo soy una ingenua de tomo y lomo. Bueno, no es que me lo tomara al pie de la letra, pero en realidad me lo tragaba todo como una imbécil.

Que si el mundo no tenía ojos más que para nosotros, que si nuestro desarrollo era imparable, que si el país estaba lanzado, que si alcanzábamos la velocidad de los primeros, que si esto o lo de más allá. Paparruchas. Todo eran paparruchas. Pero bien urdidas, con cierto aire de verdad.

Hombre, se podía olfatear que la realidad no era tan esplendorosa como la pintaban, ni que todo el monte era orégano, pero las cosas como son, andábamos todos desquiciados. Fernando el que más, no puedo quitármelo de la cabeza. Me enrabio sólo de recordarlo, a él y a todos los demás; no les perdono que nos hayan engañado, cuando la culpa es mía y sólo mía, pues yo me dejé, tragándome yo solita esas palabras traicioneras, porque me interesaba; no quería ver más que lo bueno, y no me faltaba razón después de todo, ya que para ver lo malo voy a tener tiempo de sobras. Y los demás lo mismo, no hay más que pensar en Fernando, para tonto él, y mira que se creía un genio. Rabiosa, estoy rabiosa, iracunda, a punto de morder al primero que se me ponga por delante. Malditos años de euforia, en los que pensábamos que éramos ricos. Así, de golpe. Nos despertamos y nos pusimos a comprar bemeuves como desaforados, y volvos y *jacuzzis* para nuestras casas y pomos de acero italiano para nuestras puertas, y muebles de firma. Las calles estaban atestadas de deportivos y de coches grandísimos, nuevos, flamantes, y bien metalizados, a cuál más deslumbrante que el otro. Yo con mi Audi, que me costó un ojo de la cara, era la pobre del barrio, pues mis vecinos los compraban a pares. No sé para qué demonios iba a necesitar yo dos, si con un coche tengo ya de sobra y encima se me ahoga cuando más lo necesito. En definitiva, fueron tiempos rematadamente estúpidos.

Estúpidos no, literalmente encanallados, parecía que teníamos una serpiente en el cuerpo y venga de darle gusto a la muy endemoniada. Una serpiente con una manzana-anuncio de La Moraleja, y me salvé de puro milagro. No comprendo cómo pudo ocurrir todo aquello, aquella alegría tonta que parecía extenderse como la espuma. Y los restaurantes llenos. Salías un martes por la noche y todo completo. Volvías el miércoles y hasta los topes. Los restaurantes debieron de forrarse a costa de tanto dinero fácil, que parecía no iba a acabarse nunca.

Y todo el mundo además como retrasados mentales, haciéndose los entendidos, que si el maigret de pato con uvas de fulanito no está del todo en su punto, que si realmente el único sitio donde se puede comer con seriedad es en menganito, que si te clava quince mil por barba, y eso como mínimo, pues seguro que la historia no baja de las veinte porque no hay nada mejor que una botella de la cosecha tal de la bodega cual. Un vino equilibrado y potente. ¡No faltaría más! De oro líquido debía de estar hecho a juzgar por el precio. Menos mal que a mí eso de la cocina nunca me ha atraído demasiado, pero a Miguel le dio fuerte; llegué a pensar que estaba a sueldo de la Guía Michelin, tanto decir que este plato no estaba conseguido y que el chef recién llegado del País Vasco no estaba a la altura.

Una auténtica pesadez, de todo es lo único que me alegra, no tomar ya más mouses ni más cremas ni tanto lecho variopinto, me dejaban las tripas revueltas. Tampoco era cosa de ir a esos sitios tan remilgados y pedir unas espinacas hervidas, que es lo que más me apetece siempre, o un lenguado a la plancha. Aquello se fue al garete, como todo, los manteles pintados a mano y las sillas con lazos, las botellas de cosecha propia y los sorbetes de apio, que mira que es ridiculez, con lo rico que está su poquito de apio en la ensalada, justo para darle un punto de sabor, pero sin pasarse, ya que el apio es tan fuerte que puede con todo.

Por mí, que se ondulen. Después de aquellos atracones tan finos me ponía ciega de abdominales, todo se me iba a la tripa, incluidos los sorbetes, a pesar de que dicen que sirven para bajar. Los míos eran para quedarse, y muy fijos, bien pegados a los intestinos, cada comida con Miguel me costaba cien abdominales más, y me tenían frita; salía del gimnasio derrengada, prometiéndome no volver jamás a ningún restaurante, pero acababa cayendo, que no iba por la comida, sino para que Miguel estuviera contento. Bien dirá ahora que yo soy una ingenua, pero más inocente fue él, que se creyó que eso de la cocina era importante y toda la vida ha sido lo que ha sido, un engorro, hasta que cayó en manos de los hombres y lo convirtieron en una profesión, que, hay que reconocerlo, para eso son maestros, de cualquier nadería saben sacar su provecho. Yo al menos eso nunca me lo creí.

Lo otro sí, lo de que estábamos en un país estupendo, lo de la vitalidad y todo eso. Ya sé que no fui la única en caer, pues allí está el ejemplo de Fernando que pone los pelos de punta, pero eso no me sirve de consuelo. Tampoco soy la única ahora y maldito el alivio que me proporciona.

Todo fue porque éramos pobres y estábamos literalmente hasta las narices de serlo. Realmente un país de asco, eso es lo que éramos. Y lo sabíamos, que es aún peor. Un país cutre, pura meseta, un país de armaduras de imitación, de porcelanas de urgencia, de artesanía de barro, de mantas zamoranas, atiborrado de gazpacho y cochinillo al horno, rebosante de predicadores y de tapicerías aterciopeladas y mugrientas. No es de extrañar que quisiéramos hacernos los locos, dar un quiebro al destino y nacer de un día a otro convertidos en modernos. Los contenedores callejeros se empezaron a llenar de atroces muebles castellanos y los listos diseñadores de Milán y de Barcelona hicieron su agosto. Armani, todo el mundo empezó a hablar de Armani como de su pariente más próximo, de los sofás de Cassina y de las sillas de Starck. La cosa era citar mucho nombre propio con familiaridad y poderío.

Puras fanfarronadas de nuevo rico, eso es lo que éramos. Yo incluida. Incluso la que más, porque me había costado lo mío llegar a donde estaba, venga a trabajar como una bestia para sacar mi vida adelante, que no me podía arrastrar por los suelos después de la marranada de Jorge. No hubiera habido cosa que le hubiera gustado más que el verme hundida en la miseria, exactamente como estaba cuando me dejó. Pero ni hablar, luché con uñas y dientes. De eso Fernando tiene que acordarse, no faltaría más, que por algo tenía yo una carrera aunque estuviera un poco arrumbada, pero la tenía, para lanzarme como una fiera, energías no me faltaban entonces, y cuánto las echo a faltar ahora las fuerzas aquellas.

Lo que decía, yo estaba encantada, con mi sueldo, como una ejecutiva de verdad, mis trajes de Armani de vez en cuando, muy de vez en cuando, eso sí, y los zapatos de Walter Steiger; no me faltaba nada, mira que era imbécil, a mí ¿qué narices me importa quién ha hecho mis zapatos? Sin embargo me importaba. Es bueno darse cuenta de hasta qué punto estaba engañada con todo eso de la puñetera modernidad, me creía muy lista, pero tiene razón Miguel, tonta del culo es lo que soy con tanta idiotez.

Pero él también, que una cosa no quita la otra, aunque él no se diera cuenta de ello, y siga aún en la inopia; una mala racha, es todo lo que se le ocurre decir, cuando estamos en la ruina, en la más terrible ruina. Parece que no tiene ojos, a pesar de que a veces es tan inteligente.

Y eso pasa por lo que pasa, por habernos creído ese cuento del ritmo imparable, del crecimiento a todo gas, la historia de que éramos europeos. Si no había más que haber tenido los ojos bien abiertos. Todavía me acuerdo del año que alquilamos una villa en la Toscana, el susto que nos dimos al salir del transbordador en Barcelona y coger la autopista. Un desierto, un condenado desierto, eso es lo que era y sigue siendo nuestro país, la realidad saltaba a la vista de quien quisiera contemplarla.

Y no nos daba la gana. Parecidos a Italia, ¡y un jamón!, ¡qué más hubiéramos querido! Con lo verde que estaba todo allí, y lo precioso que es Lucca, Florencia y Siena, aquello es pura gloria, con todos esos campos cultivados y las poblaciones por las que da gusto pasear, llenas de tiendas encantadoras, de las de toda la vida, y hoteles estupendos sin horribles muebles castellanos, y venga verduras a todas horas y pasta, que aunque engorda no me importa nada de tanto que me gusta. Y de repente los Monegros, ese terrible desierto. No sé cómo no salen espantados todos los turistas, que tienen más moral que el Alcoyano.

Lo que pasa es que ellos vienen justo a ver esto, este disparate de tierras más secas que la paja, estos matojos raquíticos, este páramo, que les debe parecer hasta exótico.

Y nosotros que nos creíamos tan europeos, no había

más que mirar a nuestro alrededor. Europa es toda ella verde, y llena de pueblos estupendos, y no hacen corridas de toros, ni se dan de zurriagazos en la espalda por Semana Santa, igualito que en Irán, ni se sientan en sillas de cuero claveteado con clavos enormes, ni nada de nada.

Fernando, como siempre veraneaba en Mallorca, se enteraba menos. Aunque viajar viajaba mucho, de eso no tiene excusa.

No, no es que nos hayamos arruinado, es que estábamos en la ruina y no lo sabíamos, no queríamos saberlo. Hemos sido todos unos inconscientes, los primeros de todos nuestros gobernantes, que son unos cabeza de chorlito; ellos fueron los primeros en creerse lo de Europa y tienen la parte más grande de culpa, pues para eso viajan tanto y van de aquí para allá, y podían haber comparado. ¡Qué va a ser Madrid lo mismo que París o que Londres, por poner sólo un ejemplo, sólo de pensarlo es una barbaridad! Es la capital más viva, decían para consolarse, y se lo acabaron creyendo, como si eso tuviera algún mérito. Los parados estamos también vivos, aún no han decidido matarnos para aliviar las estadísticas. Y vivos y todo da asco vernos. Y el país está igual, que si mucha vitalidad, que si mucho coche importado, que si mucha alta cocina, y mucho diseño italiano y las cosas siguen igual. También de asco.

A ellos no puedo perdonárselo, podían haber sido más sensatos, lanzar avisos, dar consejos, decir, señores, esto es un solemne despropósito, no se crean ustedes que son ricos porque sería una memez como la copa de un pino, ustedes, sépanlo bien, son pobres, son cutres, son abiertamente indigentes, así que ándense con cuidado o verán lo que es bueno. Y ellos los primeros, a portarse como honestos pobretones y dar ejemplo. Pero no, todo era gastar desaforadamente, todo proyectos de exaltados mecenas.

Los más ciegos eran ellos, pues al fin y al cabo era normal que yo no quisiera darme cuenta, bastante había pasado, y estaba tan entretenida con la revista. Pero ellos no. No tenían que ocuparse de otra cosa más que de esto, de ser conscientes de todo lo que ocurría. Si yo lo hago igual de mal, la revista no dura ni dos días. Y se ha mantenido en pie durante muchos años. Vamos, que si me equivoco como ellos a estas alturas estaría harta ya de estar en la calle; no sé cómo no se van a casa, deberían estar abochornados de la vergüenza.

Venga, a calentar la economía, nos decían, y todo el mundo como loco, venga a comprar el último modelo de lavadora, a renovar los azulejos del cuarto de baño y a amontonar bolsos de Loewe, no hacíamos más que cumplir las instrucciones que nos daban. Ardiendo tendría que estar la economía con tanto gasto, con tanta comida en restaurante, tanto viaje y tanta nevera de doble puerta, convertida en pura llama, en fuegos infernales.

Y de pronto todo se acabó. Nos despertamos un día en el más gélido de los hielos. A apretarse el cinturón, gritaron alarmados. Se acabó el calentamiento y se repartió el pastel. Y todos a la calle. Todos menos ellos, que siguen ahí, en sus bancos, en sus financieras, en sus empresas, en sus gobiernos. Los del sueldo fijo, los de la falsa euforia, los europeos por un día, esos a la puta calle, a la cola del paro, a los subterráneos del metro, a quedarse entre las cuatro paredes de nuestra maldita casa. Con los azulejos nuevos, con la nevera que escupe cubitos de hielo, con las cortinas de flores y el sofá de diseño. Por tener fe, hay que ser realmente idiotas.

Un verdadero ataque de enajenación colectiva. Si no, no se explica de otro modo. Un estado de euforia inexplicable que contagió a todo y a todos. La prensa estaba exultante, España está de moda, la bolsa echaba las campanas al vuelo y las tiendas prolongaron sus horarios para amasar a montones los billetes verdes que salían de todos los bolsillos. Y debajo de eso, el maldito mueble castellano seguía haciendo de las suyas, el cochinillo socavaba los cimientos de la presunta modernidad y las saetas rasgaban sin contemplaciones y con toda alevosía la atmósfera europea. Un gigante con pies de barro, un castillo de naipes, el sueño de una noche de verano.

De aquellos barros estos lodos. En la miseria, nos hemos quedado en la mayor de las miserias por estúpidos.

Yo no me di cuenta hasta hace dos semanas.

Y mira que me lo avisaron, en esto sí que no tengo disculpa. A este respecto nuestros gobernantes no se anduvieron con chiquitas. Esto está muy feo, nos dijeron al día siguiente de la fiesta. La cosa está que arde, nos repitieron insistentemente.

A esas alturas yo había dejado de creerles. ¿Qué se piensan? ¿Que no puedo comprarles las Reebok a los chicos? ¿Que tengo que vender el chalet de la playa? ¡Sólo faltaría eso! Y ellos erre que erre, y todos al unísono diciendo que si todo había sido un delirio, que si había que parar el carro, que ahora nos íbamos a enterar de lo que valía un peine, y encima que la culpa era nuestra, por no ser competitivos, algo cruelísimo, porque sólo un mes antes todos éramos la mar de listos. Y yo que no, que no podía ser, que era imposible, que todo había salido a pedir de boca, que es verdad que la publicidad iba floja, pero peores momentos habíamos pasado, y las ventas seguían estupendamente, y allí no había ningún problema, la crisis era psicológica y estaba hasta las narices de tanto calentamiento y tanto enfriamiento dirigidos.

Y aquí estoy, parada, pegada a mi europeísimo cuaderno, en pleno ataque de cólera y dispuesta a dejarme llevar por la autoconmiseración más vergonzosa. Más imbécil todavía. Por creerles antes, una insensata. Por no creerles ahora, una imbécil redomada.

18

EL TELÉFONO

Lo sabe ya hasta la estanquera. No, no se trata de una exageración estúpida ni lo digo por decir. Es absolutamente cierto. Ha sido algo espantoso.

He entrado en el estanco como lo hago otros muchos días: no me gusta tener paquetes de cigarrillos en casa, porque me los ventilo sin darme cuenta en estos momentos, y así, comprados de a poco, parece que me obligo a fumar menos. Lo que decía, he entrado en el estanco y la señora que lo lleva, a quien conozco desde hace años, y es muy simpática, una de esas gordas buenas personas, que las hay, va y me dice: ¡Menudo disgusto que tendrá usted! Me ha sorprendido tanto, que le he preguntado sin saber de qué iba: ¿Disgusto, por qué? Claro, ella se ha quedado un tanto cortada y me ha dicho: Pues por la revista, ¿no la han cerrado? ¡Tan bonita que era! Preciosa, era preciosa, eso desde luego, pero ¿cómo se ha enterado? Es lo primero que se me ha venido a la mente, pero no me he atrevido a decírselo. Únicamente he podido musitar un sí, desde luego, ha sido bastante horrible, pero no se acaba aquí el mundo, ya encontraré algo; no sé por qué digo a todo el mundo lo mismo, cuando no me preguntan nada. He pagado mi cajetilla de Winston y me he largado hecha polvo, sin ánimos de proseguir la conversación. No puedo quitármelo de la cabeza. ¿Cómo demonios se ha enterado la gorda esa? Porque no creo que me tenga vigilada, ni que espíe mis movimientos, ni que esté al tanto de mis idas y venidas. Y aunque lo estuviera ¿qué sabe ella de lo que tengo o no tengo que hacer cada día? Imposible, ella por sí sola es imposible que llegue a conclusión alguna.

Se lo ha dicho alguien, seguro. Domingo, sólo puede ser él. ¡Qué bochorno! Todo el barrio dale que te pego, que la del ático se ha quedado sin trabajo, la que vive sola, con dos chicos, la misma, pues, fíjate, está en la calle, ya sabes que era periodista, pues han cerrado la revista en la que trabajaba. Y se reirá el tintorero, pues la gente es más mala que un pecado, y no hay cosa que más les guste que las desgracias ajenas; y el de la cafetería que sirve pollos a domicilio; y lo comentará la de la tienda de lencería; y hasta los de la farmacia de la esquina hablarán de ello, seguro que les habrá llegado hasta allí la noticia, habrá dado la vuelta a la manzana, y yo en boca de todos creyéndome aún que disimulaba. Una verdadera vergüenza.

Porque la estanquera, que en el fondo es buena persona, al menos me lo ha dicho, pero los demás ni pío, ni el menor comentario, haciéndose los locos. Si ya notaba yo que me miraban con cara rara, pero pensaba que era pura paranoia mía, que no hago nada más que ver fantasmas. ¡Qué fantasmas ni qué niño muerto! Verdades como puños, eso es lo que eran sus sonrisitas de conejo, sus buenos días esquinados, y yo, como una tonta, buenos días, muy buenos días, pues me gusta ser amable con la gente del barrio, para que al final me paguen con esa moneda.

La culpa la tiene toda Domingo, que es un lengua floja. Mira que puso cara compungida cuando se lo conté, que se lo tuve que decir el otro día y tiempo le ha faltado. Ya me lo comentó Rosi, que le dijo por la mañana: qué le pasa a tu señora que la veo muy desmejorada. Seguro que le dijo eso para sonsacarla, no voy a creer ahora que mi cara destrozada le va a quitar el sueño a nadie, y menos aún a mi portero, como si a él le fuera a cambiar la vida una revista más o menos, que no lee ni el periódico y tiene tiempo para recitar el Espasa entero de memoria. Yo se lo comenté para que dejara de una vez de hacer conjeturas y sobre todo de preguntar a Rosi. No sabe cuánto lo siento, tal como están las cosas, qué barbaridad, para que ahora publique un bando y yo esté expuesta a la vergüenza pública, ni a la calle me voy a atrever a salir. Allí viene la pobre del ático, que la han despedido, no me van a dejar tranquila, todo el día sintiéndome acribillada, ya noto sus miradas en el mismísimo cogote y eso que estoy bien encerrada en casa.

Vamos a acabar con el capirote ese que ponían a los judíos. Todos los parados con capirote o con la marca encima, bien visible, para que se nos distinga de lejos. A mí ya ni falta me hace, que bien se ha encargado Domingo de pregonar a los cuatro vientos mi desgracia.

Y bien merecida que la tengo, pues no hago más que pensar tonterías, no sé ni cómo he podido trabajar tantos años seguidos sin que nadie se hubiera dado cuenta de lo profundamente inútil que soy; es en estos momentos cuando se demuestran las cosas, y no me aclaro, sólo doy vueltas y vueltas a lo mismo como una peonza, pero no saco nada positivo, no tiro adelante, ni me pongo a planificar mi vida ni a buscar algo con base. No hago más que divagar, montarme historias, echar balones fuera para no enfrentarme a la auténtica realidad.

Todo cuanto escribo son ridiculeces, porque ¿qué demonios me importa que la estanquera esté enterada o no del cierre de la revista? Lo único que me debería importar es la repercusión que puede tener sobre mi vida, pero yo nada, dale que dale, me pongo a soltar todo lo que se me ocurre con tal de no hablar de lo otro, de lo que está pasando cada vez que llamo, lo que está ocurriendo con este maldito teléfono, que se ha quedado mudo de repente y no llama ni mi madre, pues hasta ella parece haberse contagiado de ese silencio mortal que me demuestran todos de golpe. Ni saben ni contestan, eso es lo peor, lo más sangriento, de lo que no quiero ni hablar, ni ver, ni comentar. Pero he de hacerlo, no puedo escribir un diario para charlar como una descosida del tonto de mi portero, de Sagrario, cuyo nombre no se me va de la boca, o de Juani, la del gimnasio. Para andarme por las ramas soy una artista, pero incapaz de ir al meollo, me entra un vértigo imposible de resistir. Eso es lo que me pasa, que me mareo de puro terror. Y veo que no hay manera de hincarle el diente a la sustancia de las cosas, y no hago más que quedarme con la pura cáscara, en esto de dar rodeos me estoy volviendo una maestra.

Pero ¿qué voy a decir? ¿Qué voy a repetirme una vez más? Que aquí no hay más cera que la que arde y ni una cerilla arde en estos momentos de pura desolación. Parece como si a todos los que llamo se los comiera la tierra de pronto. Y *missing*, desaparecidos, ni dar señales de vida ni a base de humo. Mucho más por teléfono, que es lo que más me devora.

Porque ponerse se ponen, tanto Luis como Félix y Ramón, y también Miguel, no el mío, faltaría más, casi todos los de la lista. Bueno, los que he llamado, pues aún me quedan algunos. De vez en cuando me acuerdo que algunos ni siquiera están apuntados, y tendré que sentarme de nuevo con la agenda, para repasarla.

Método, lo que necesito es mucho método. Y que Dios me auxilie, eso es lo que más necesito. Y que suene el teléfono, pues no paro de mirar todo el día si está mal colgado. En dos días he llamado tres veces a la Telefónica, me parecía oír ruidos raros, y a lo mejor nadie podía comunicarse conmigo. Sólo me faltaría eso ahora, que si alguien me quisiera llamar para algún trabajo el teléfono estuviera estropeado, estas cosas pasan en la vida. Pero qué va, el teléfono funciona a las mil maravillas, ayer sonó estrepitosamente y era para hacerme una encuesta sobre los aparcamientos municipales. De humor estaba yo para responderles, pero me localizaron a la primera, así que por culpa de la Telefónica no será. Los pobres hacen lo que está en sus manos y tienen mi aparato bien conectado por si alguien llama. Bastante hacen y yo no les puedo reprochar nada.

No, lo realmente cruel es lo de los otros. Lo de Luis, lo de Félix, lo de Antonio y así hasta el último de la lista, que no llaman ni para dar los buenos días, o para desearte suerte, o para tomar una copa, o aunque sea para decirte que no, que imposible, que nada de nada. No puedo entender cómo tengo ánimos para escribir esta mierda de diario. Me lo prometí, pero ya no puedo más, es una memez de mucho cuidado.

¿Y qué voy a hacer? ¿Mirar a la pared como una enajenada? Porque es la única actividad para la que me veo capacitada, contemplar muy fijamente la pared color melocotón y descubrir que un inicio de telaraña amenaza la esquina que da justo a la terraza, porque esos bichos nunca descansan, sólo tejen su red como si tal cosa, sin necesidad de que nadie les llame para ofrecerles trabajo o mandarles a la mierda, simplemente se afanan en su tela y me joroban la esquina color melocotón. Parece que todos se han puesto de acuerdo para fastidiarme la existencia.

Pero a mí ni me importa, veo la telaraña y pienso que mañana se lo diré a Rosi. Desde que no voy a la revista por las tardes se diría que las horas se detienen y te atrapan como la araña dichosa esa. Y por las mañanas no sé a lo que voy, a hacer acto de presencia nada más. Estamos solas Sagrario y yo, y Lola y Conchi y Marisa y todos los demás están ya en sus casas, mirando su propia pared, o no, quizá buscando trabajo. Seguro que lo encuentran antes que yo.

Muchos contactos y muchas relaciones y aquí estoy, ni la música sirve para aplacarme, ni una buena novela de esas que tanto me gustaban antes, porque ahora se me han quitado las ganas de todo. Y parece mentira, siempre suspirando por la falta de tiempo; estaba un rato en casa y saltaba de alegría, me ponía mi Mozart o mi Bach y estaba tan contenta aunque fuera un ratito, antes de que llegaran los chicos del colegio. Disfrutaba de aquello como una enana y ahora el tiempo de repente es como si no sirviera de tanto como tengo. Es como las patatas, que si son buenas son estupendas, pero como hay una barbaridad, están baratísimas. Así está mi tiempo, auténticamente a precio de saldo, regalado, por los mismísimos suelos, y no sé qué hacer con él. Lo único que realmente quiero es que pase deprisa, a toda marcha y por eso miro fijamente la pared, para observar cómo avanza la araña. Porque tampoco quiero salir mucho, y no sólo por lo que dicen en el barrio, que ayer no lo sabía y tampoco me apetecía ir de aquí para allá. No, es por si llaman, estaría bueno que después de tanto esperar sonara el teléfono justo cuando he salido a que me dé el pésame la estanquera, sólo de pensarlo me da un ataque.

El contestador es una solución cuando no hay más remedio. Si tengo que bajar a la farmacia, a algo tengo que recurrir, porque no se trata de quedarse atrapada en casa. Pero hay personas a las que no les gusta dejar recados así a una cinta y cuelgan sin más, y a lo mejor les molesta la voz de la grabación, ya que hay algunas voces que echan para atrás. La mía creo que no, es ni fu ni fa, pero puede que a la persona que llame no le guste. El contestador te hace parecer tonta sin quererlo, yo misma lo he pensado cien veces cuando me ha tocado oír a otros; los hay que ponen música de fondo y todo, ni que fuera un *night club*, y en algunas ocasiones tampoco yo he dejado recado, he colgado y se acabó. Bueno estaría que me pasara a mí eso.

El otro día sonó a media tarde y salté como una pantera. ¡Ya me pongo!, le grité al bestia de Pepe, que seguro que les asusta, y es capaz de decir que estoy en el cuarto de baño, que es donde estaba, pero no se trata de ir proclamando a quien quiera oírlo que estoy haciendo mis necesidades. Pero después de tanta prisa y tanto grito resulta que era mi madre, y se pegó un susto de muerte cuando cogí el teléfono jadeando, hija qué te pasa, nada, mamá, que estaba en el baño, y ya sabes los chicos como si fueran sordos, con lo que encima me gané una mirada absolutamente matadora por parte de Pepe y el disgusto añadido de mi madre; lo siento hija, soy una inoportuna, siempre te cojo en el cuarto de baño, para una vez que es verdad y no le miento, y voy corriendo a ponerme; aunque de haber sabido que era ella no sé si lo cojo, pensé que era alguien por lo del trabajo, pero eso ni se lo digo, porque el otro día le comenté que estaba esperando que me ofrecieran algo y se quedó asombrada. ¿Para qué quieres trabajar? Si ahora estás mucho mejor, más descansada.

Debe de creer que la indemnización es el cuerno de la abundancia. Y de descansada nada, que estoy que me comen los nervios. Ella sí que es una descansada y una inconsciente. La cosa es que si me llama malo, y si no me llama peor. El que suene el teléfono me da esperanzas, no hay cosa que más me irrite que verlo mudo como un muerto, y llevaba ya un par de días callado. Y por eso llamé a la Telefónica, aunque los pobres no tienen culpa de nada.

Pero que se aguanten, que tampoco tengo ninguna culpa yo y aquí estoy, esperando como una imbécil, nadie me va a llamar, lo sé de sobras. Lo supe desde que les fui contando la historia, a Luis, a Félix, a Antonio; se les notaba que ninguno sabía qué decir, pues cuánto lo siento, pues yo más; pero no es eso lo que me gustaría escuchar, las lamentaciones corren de mi cuenta y riesgo, lo que quiero es que me digas si se te ocurre algo que pueda hacer, algún sitio en dónde poder trabajar, alguna revista nueva, o vieja revieja, me da igual, pero un buen sueldo fijo como el que tenía, y nada de no te preocupes, que ya se me irán las preocupaciones cuando encuentre algo.

Ha sonado. Era Josefa Bultó, la directora de *Rutas y Aventuras*. Si lo sé no descuelgo. Al principio me ha dado un vuelco el corazón. Hola Fefa, ¡qué alegría oírte! y era la pura verdad, no una de esas frases que se dicen por decir. Pero inmediatamente me he metido por el mal camino, ¿cómo te van las cosas?, cuando sé que son preguntas que nunca hay que hacer. Pero ha sido irremediable, no le iba a preguntar por su marido, que la dejó colgada a la pobre hace menos de un año, ni por los niños, que no tiene ninguno, ni falta que le hacen y menos ahora, ni por el trabajo, que hubiera sido aún peor. Mal, por eso te llamaba, me ha dicho sin andarse por las ramas, me han despedido. Pero ¿cómo?, he exclamado idiota perdida, cuando conozco de sobras cómo se hacen esas cosas. Pues así, de un día para otro, ha musitado mientras le entraba la llantina. ¿Cierran la revista? Es lo primero que se me ha ocurrido. ¡Qué va!, ponen de directora a Carmina, ya sabes, esa chica que entró hace poco en la empresa y que estaba en *Claridad* de redactora jefe. No, yo no sabía, pero Fefa me ha ido contando que era de esas chicas estupendas, jóvenes y dinámicas, capaces de comerse el mundo de un solo bocado y sin atragantarse, de las que nunca esperan en su casa como memas a que les ofrezcan un trabajo.

He quedado con la Bultó para comer mañana y llorar juntas. A continuación he decidido descolgar el teléfono. Estoy convencida de que sólo los parados conocen su existencia.

CUARTA SEMANA

19

LAS CIFRAS

La cosa es, cuando menos, rarísima. Porque el asunto se las trae, es para hablar y no parar. Pues no, todos hacen como si fuera la cosa más natural del mundo. Una auténtica minucia eso del paro, una nadería, pura reducción a números que ni sufren ni padecen. Y de eso nada, que debería estar en boca de todos cada minuto del día. Porque parados hay cantidad, y no lo digo sólo por el cuñado de Rosi y la Fefa. O por lo de Lola, Conchi o Rafa, y todos nosotros que hemos entrado así, de una sola tacada, de golpe, en un buen lote.

Lo digo sobre todo por las cifras, que realmente ponen los pelos de punta. Porque al fin y al cabo a nosotros nos han dado nuestra indemnización. Llevábamos bastantes años con ese trío de inútiles, y todos tenemos nuestro paro, que nos dura dos años, y aunque es poquísimo, da al menos una tranquilidad, pequeña, pero parece que sirve de consuelo. No, lo auténticamente espantoso es lo otro, eso que no se ve, y ni siquiera se imagina. Esas cifras redondas, unas cifras que claman al cielo; uno cuenta millones como si contara pipas, pero no lo son, son personas de carne y hueso, que tienen que comer todos los días, y dormir bajo techo y comprar zapatos a los hijos, de eso yo sé un rato largo. Bueno, lo curioso, lo realmente curioso del caso es que nada, todo el mundo hace como si nada, como si no existiese, están ciegos y sordos, no se enteran.

No lo digo por decir, llevo ya un tiempo dándole vueltas a esto, y la verdad es que no salgo de mi asombro. Lo de la otra noche sobrepasó toda medida, era como tener una tapia enfrente, la mismísima muralla china, todo lo demás se queda enano al lado de lo que veo. Resulta que habíamos ido a cenar a casa de Gema y Alfredo. Era el cumpleaños de Gema, y daba una especie de fiesta pero muy reducida. Sólo los íntimos, Isabel, me dijo, así que tú no puedes faltar, me vio la intención de quedarme en casa amuermada, es lo que más me apetece últimamente, deprimirme a fondo, y hasta le saco un regusto a la cosa. Pero fuimos, porque Miguel me dijo que no podía atrincherarme delante del televisor para encima quedarme lela. Tenía más razón que un santo, pero no se da cuenta de que me importa un pimiento. Si me quedo lela que me quede.

La cosa es que fui, sobre todo por él, pues me espanta que me deje tirada en esta situación. A veces me entra la lucidez y me doy cuenta de que si sigo así, me abandonará, sin duda. Por menos se largó Jorge y tenía a los dos niños y no le pararon para nada. Me arreglé, me compuse en lo posible esta cara que se me ha quedado de eterna pasmada y salí.

La cena fue normal, tampoco podía esperar maravillas. Lo peor fue que me di cuenta una vez más de que no se han enterado de lo del paro, a pesar de los telediarios. Y eso de verdad me parece increíble, no sé dónde tienen los ojos. ¿Han cerrado la revista?, se sorprendió Manolo, que había caído inocentemente a mi lado sin tener ni idea de lo que me está pasando. ¡Qué barbaridad!, dijo asombrado, y luego: ¿y qué haces ahora? Pues nada, me dedico a tocarme las narices con ambas manos, contesté en plan terrorista. ¡Qué suerte!, exclamó el muy cretino, ¡eso es lo que quisiera hacer yo, cogerme unos meses de descanso! Y a continuación, farfullando una excusa impresentable, se cambió de sitio y se largó disimuladamente al lado de Marisa. Ella sí que trabaja muchísimo, *brokker* como es, y cada vez que pestañea se embolsa fajos de billetes como si fueran bolsas de caramelos.

¡Descanso! ¿Se puede concebir mayor hipocresía? Paro corriente y moliente es lo que yo tenía, esa era mi gran suerte, el objeto de su clamorosa envidia. ¿Es que acaso no se había enterado de que ese tipo de descanso está abundantemente extendido? ¿Acaso creía que yo era la única privilegiada por el destino? Y si tanto lo deseaba, ¿por qué no pasaba de forma voluntaria a engrosar las filas de tales privilegiados?

Me armé de paciencia y de buena educación, que bien las necesitaba, y me puse a hablar con Emilio, un hombre sensato, de esos que son conscientes de las cosas y con sensibilidad. Pues nada, más de lo mismo, lo tengo comprobado. En cuanto sale a relucir la desdichada historia de que ya no soy directora ni tengo revista ni despacho al que acogerme, milagrosamente la conversación se agota y no hay manera de que mi interlocutor recupere el don de la palabra. El resultado fue que me quedé sola en un rincón. No me importó, pero tuve que encender un pitillo, algo tenía que hacer. Eso es lo que más rabia me dio, porque me había prometido no fumar esa noche.

La cosa no alcanzó proporciones terribles, no estuve sola ni dos minutos, se acercó Miguel enseguida y luego Gema. Sólo el tiempo suficiente para darme cuenta de la situación. Sola, estaba sola ante un hatajo de buenos trabajadores: allí no había parados. Ni tenía por qué haberlos, claro está, tampoco es que yo los echara de menos, no he llegado hasta el extremo de querer que todo el mundo esté en el paro como yo, mal de muchos consuelo de tontos, en absoluto. Pero me pareció raro. Todos colocados. Manolo, Emilio, Pura, Marisa, Gema, Alfredo y el resto, me da hasta pereza hablar de cada uno de ellos. Y no sólo colocados, parece que estoy hablando de que han encontrado un puesto de dependientes en la tienda de la esquina. Y no se trata de eso. Unos trabajos estupendos, de los que te dejas la piel a tiras, pero estupendos al fin y al cabo, con mucha responsabilidad, mucha mesa, mucha secretaria, muchas llamadas, muchas comidas, mucho puente aéreo, mucho dinero.

Todos tan contentos, no saben lo que tienen, piensan que es lo más natural del mundo y por eso se extrañan de que me haya tocado a mí la china. De modo que no quieren ni hablar conmigo, más vale no oír desgracias, y el paro ni olerlo. Encantados, estaban todos encantados, cuando es una auténtica irresponsabilidad sentirse así tan felices con la situación económica que tenemos, no tienen ni idea de lo que publican todos los días los periódicos.

Y eso es lo que más me extraña, no que tengan su buen trabajo, pues yo también lo tenía, y hay gente que lo sigue teniendo. No todo el mundo es tan canalla como mi José Antonio y los hay que aguantan, incluso los hay tan listos que se ponen ciegos de ganar millones con tanta crisis y tanto desconcierto.

No, lo chocante es que hagan como si nada, como si eso de los parados fuera pura novela, una patraña que se inventan los periódicos, producto de imaginaciones calenturientas. Ellos a reírse, a hacer sus gracias y a atiborrarse de whisky de malta, no entiendo cómo le da a la gente por ese brebaje, con lo bueno que es el escocés, solo, o con bastante hielo.

Una resentida. Es en lo que me estoy convirtiendo. En una resentida de tomo y lomo, que no veo más que lo mío, y lo que quiero es que todo el mundo esté con cara de funeral, cuando a nadie le importa, al fin y al cabo no son más que tres días. Pero yo no. Estoy empeñada en no ver más que desgracias, y así me va, no voy a poder salir de ésta. Y si mis amigos no leen los periódicos, pues que no los lean, eso que se ahorran, y no sé por qué me voy a meter yo ahora a predicadora, quién me ha visto y quién me ve. Hay tres millones y pico de parados, pues que los haya, con tal de que estén lejos y no molesten. Y más de diecinueve en toda Europa. También existen muchísimas personas que trabajan, y ésas no se cuentan, todo ha de calcularse al revés, buscando el lado malo.

Al fin y al cabo, los parados del viejo Continente suman sólo un 11%, y lo otro se calla, que el 89% de los europeos en edad de hacerlo está trabajando todos los días, menuda manía la de callarse lo bueno. Yo soy un número más en ese 22,9% de los que nos ha tocado a España, bien mirado es una barbaridad, pero mis amigos tan contentos, porque ellos pertenecen al 77,1% restante, que al fin y al cabo son muchos más.

Y eso es lo que me pasa, que siempre me encuentro con gente del dichoso 77%, que están encantados de serlo y no se quieren enterar de nada más. Y a mí me da rabia, me entra una ira envenenada, una cólera que me ahoga. Pero sin razón alguna, soy consciente de ello. Porque ¿qué culpa tienen Manolo y Emilio de estar en el lado bueno de los dichosos porcentajes? ¡A ver! Ninguna, no tienen ninguna culpa. Lo que tienen es una suerte fantástica, aunque ellos no se crean que es suerte. Pero en parte lo es, en eso sí que no me dan el pego. Lo de la responsabilidad, pase, eso no les incumbe, pero lo del azar hace mucho, que la china les podía haber caído a ellos. ¿O no? Pues a lo mejor no, siempre lo he pensado, cada uno tiene en parte lo que se merece. Sólo en parte, pero una bien grande.

Y esto es lo que me duele, porque creo que me lo he ganado a pulso, el cierre de la revista, el despido, el maldito 22,9%. La culpa ha sido mía, no de ellos, que nada tienen que ver con eso. No he sabido mantenerme en mi puesto y ahora todo son rabias, resquemores y resentimientos. Y ahora todo el mundo haciendo como que no me ve y poniendo pies en polvorosa. Y con toda la razón, para hablar de desgracias nunca es tarde.

Tampoco hay que hacerse ahora la santa. Porque bien pensado, tampoco yo me enteraba. Algo sí, pero sólo lo justo para no quedar como una idiota, hay que ser una bestia para no comprender que esas cifras son de auténtico escalofrío. Pues a mí antes no me daba ninguno. Sí, claro, algo notaba, incluso tenía un poco más de tiento a la hora de gastar. Pero por aquello de que todo el mundo andaba comentando que esto no puede ser, que es una barbaridad, que a dónde vamos a ir a parar. Pero cuenta, lo que se dice cuenta, no me daba. De lo que realmente ocurría, ni idea.

Y mira que yo me consideraba tan lista y que no se me escapaba una. Todas, se me escapaban todas. En primer lugar la mía, puesto que estaba en la inopia cuando me llamó José Antonio a su despacho. En segundo lugar, la de todos los demás, pues de repente no oigo hablar de otra cosa que de eso, del maldito paro, de los dichosos porcentajes. Y claro, ellos no, ellos ni oyen ni miran, porque se lo pueden permitir, así es como si no existiera; y las cifras son puro número, como la tabla de multiplicar del colegio, siete por siete cuarenta y nueve. Y los cuarenta y nueve nada significaban, de lo contrario me acordaría. Pero no, ni peras, ni manzanas, ni parados. Sólo eso, cuarenta y nueve y ya está. Y ahora lo mismo, 22,9%, 10,9%, puros porcentajes sin más.

Yo porque no puedo, que me he enterado ahora a la fuerza, y por eso me enrabio; si no seguiría tan contenta, mirando un poco más el dinero, pero poco, y si te he visto no me acuerdo. Rosi me contaba esto y aquello, que su cuñado las estaba pasando negras, pues ya encontrará algo el pobre, no hay mal que cien años dure. Fernando se ha quedado en la ruina, pues no haber gastado tanto, no haber perdido el sentido de las cosas. A Fefa la han despedido, pues por algo será, no creo que hayan nombrado directora a Carmina por inútil. Y eso es lo que pasa, que hasta que no estás en el porcentaje de los malditos sigues tirando.

Luego no, porque no te dejan, que así es la vida y ni tirar puedes, llevas el sambenito encima a todas horas. Miguel dice que me obsesiono, y que no es para tanto, al fin y al cabo entre la indemnización, lo que me pasa Jorge para los niños y lo del paro, tengo para aguantar lo peor. Pero no me da la real gana aguantar nada. Porque eso de que cada cual tiene lo que se merece es una solemne tontería y el que se lo inventó era un malvado de mucho cuidado, porque encima de que tienes mala suerte, te hacen creer que te la has ganado, y eso no se puede aguantar.

El caso de Fernando, por ejemplo, una persona trabajadora a tope, que estaba entregado, todo el día de aquí para allá, con lo agotador que es eso, hoy en Milán, mañana en Nueva York y al otro en Frankfurt, sin saber uno ni en qué cama se mete, y él venga de dar el callo, y encima contento, encantado como los imbéciles de Manolo y de Emilio y la espídica de Marisa. Pues hala, a la calle ahora mismo, que un señor alemán ha tenido un día negro y ha decidido acabar con la oficina de Madrid. Y esto es lo que estos ciegos no ven. Ayer se reían tan contentos, a lo mejor a otro señor se le nubla la mente y se le ocurre, sin darle más vueltas, que se acabó. Y Emilio y Manolo y Marisa los tres a gastar la acera, por mucho que se crean que a ellos nunca les va a pasar. Si les ha pasado al 22,9% también les puede ocurrir a ellos.

Pero no, ellos se creen que estamos en Europa y que sólo les afecta ese ridículo 10,9%. De eso nada, señores, esto es diferente, y nos toca a muchos más, es el desierto. No van a ser siempre los mismos los del 77,1%, porque no se podría aguantar, y casi un tercio de la población se extinguiría de pura inanición.

Debería ser rotatorio, como lo de la presidencia de las comunidades de vecinos, y les llegaría inexorablemente su san Martín por más que no quieran ver que se acerca. Por ejemplo, Felipe, que las pasó negras cuando dejó la dirección comercial de aquel mayorista de viajes, que estaba lo que se dice harto y por poco se arrepiente de haberlo estado, pues ahora está tan estupendamente y se ha montado un chiringuito la mar de bueno con un par de compañeros y se dedican a asesorar que da gusto. Eso sí que fue como debe ser, siguiendo un turno. Antes trabajo, luego paro, voluntario pero paro, y otra vez trabajo, eso tendría que ser de obligación, que el que no ha pasado por el paro no aprecia bien lo que tiene cuando lo tiene. Y yo misma estaba hasta las narices y llegaba a casa y gritaba a los niños no voy a trabajar nunca más, y me quedaba tan pancha, porque podía volver a la mañana siguiente a mi despacho. Daba cuatro voces, Pepe y Javi como quienes oyen llover, y me sentía la mar de desgraciada por tener que esforzarme tanto.

Y estaba en la misma gloria, ahora es cuando me doy cuenta, cuando me la han quitado.

Pero de rotatorio nada, qué va ser, lo de Felipe salió por pura casualidad, y eso era antes, cuando este país daba gusto verlo, todos tan felices y comiéndonos el mundo. Ahora el que cae caído está y de allí no lo saca nadie. Por eso todos miran de reojo lo de las cifras. El otro día cuando en el telediario dijeron, como quien habla del tiempo, parece mentira el tono tan poco dramático que le echan, como si fuera una nadería de tres al cuarto, pues eso, cuando dijeron que los porcentajes del paro habían sufrido un aumento, me dio un sofocón. Me puse a imaginar a quién le habría tocado la china, debían de ser muchos, porque había subido un decimal completo y eso tiene que ser un montón de gente que está como yo, o peor que yo, que ni siquiera tienen la casa pagada, como Conchi. Porque yo no, nosotros somos muy recientes y todavía no nos han contabilizado. Menudo susto se van a llevar, vamos seis de golpe, todos el mismo día y del mismo barrio de Madrid; a saber lo que pasa en otros, en tantos barrios como hay por todo el país.

Y eso es lo único que me alegra de toda esta historia, el disgusto que les vamos a dar a los que hacen las cifras.

20

LAS CUCARACHAS

No funciona, doña Isabel, me avisó Domingo ayer por la noche en cuanto me vio abriendo el cajetín del correo.

¿Qué es lo que no funciona?, pregunté yo escalofriada al pensar que había ocurrido otra catástrofe.

El ascensor.

¿El ascensor? Pero ¿no habían venido los de la revisión el mes pasado?

Sí, pero ya lo dijeron ellos, como no se ajuste el motor principal y se modifique la polea, esto no va a aguantar ni dos días. Y ha aguantado un mes, doña Isabel.

En las palabras de Domingo y en su mirada había miles de reproches. Ha sido esta mañana, justo después de salir usted, y no me ha parecido oportuno avisarla al trabajo, y menos en esta situación, con lo liada que estará usted, siguió él imparable. Y me he permitido llamar a la compañía y pedirle presupuesto para el arreglo. Imagino que le parecerá bien.

No sólo me parecía bien, sino estupendamente, para pensar en ascensores estaba yo. Perfecto Domingo, mañana me pongo en contacto con el administrador y lo dejo todo arreglado.

Subí en el montacargas hecha puré. El motor, el dichoso cable, las poleas. Me lo habían contado hasta el más mínimo detalle los pesados de la revisión, pero todas sus recomendaciones se me habían borrado de un plumazo en estas últimas semanas. No recordaba nada. Podía ver, como si los tuviera ahora mismo delante, a los dos hombres aquellos, el encargado y el mecánico, que no paraban de repetirme que esto tiene muchos años, que es peligroso, que cuanto antes lo hagan mejor. Y el caso es que estaba decidida al arreglo. Pero se me había hecho un vacío después de aquello.

Desde aquel lunes fatídico todo lo que no fuera la maldita revista y mi situación desgraciada parecía haber desaparecido del mapa.

Pero no, allí tenía ante mis ojos el ascensor roto para demostrarme que no era así. El mundo seguía su marcha, y los motores, los cables, y las poleas fallaban sin ninguna consideración. Éramos pocos y parió la abuela, no se cómo me vino a la cabeza semejante vulgaridad, pero me vino. Lo único que me faltaba, el ascensor roto y yo presidenta de la comunidad en este año de gracia.

Y para colmo viviendo en el ático, que bien me empeñé yo en comprarlo. Son una incomodidad, no hacía más que repetir Jorge, frío en invierno y calor en verano, y después de todo en Madrid no hay manera de utilizar la terraza. Y yo que sí, que sí, que quiero un ático, que éste es precioso; ya verás como en esta casa antigua nos queda una monada. Quedó fantástico, claro, ya me encargué yo de que así fuera. Y con una calefacción excelente, y cierres de esos dobles que no dejan entrar ni una brizna, y aire acondicionado para los calores veraniegos. La terraza, con sus toldos extensibles color crema y toda llena de plantas no admitía ni una pega. Cuando el sinvergüenza de Jorge se largó, lo único que me sirvió de consuelo fue quedarme con toda la casa para mí y para los niños. En su despacho instalé mis cosas y aproveché la librería para colocar los libros bien ordenados como a mí me gusta. Y el aparato de música, y una mesa camilla, que Jorge las odiaba como si le hubieran hecho algún daño las pobres, y todo bien cubierto de alfombras.

El ático era mío y muy mío, y en consecuencia tenía que ocuparme del ascensor. Ya sabía yo sobradamente a estas alturas de la vida que nada te lo dan de rositas. Eres propietaria de un piso, pues ¡hala!, a ocuparte de él, que para eso es tuyo. Y justo este año tenía que tocarme el maldito turno, que no duraba más que doce meses, y no era cuestión de ir diciendo a los vecinos que no podía, que me habían cerrado la revista, que estaba hecha unos zorros y que del ascensor se ocupara el padre de la del quinto. Que no, que esas cosas no se pueden hacer, aunque ganas tenía.

Después de comprobar que los chicos estaban en sus habitaciones en plan autista devorando la televisión, me dirigí al teléfono para hablar con el administrador. Cuanto antes me quitase el lío de encima mejor. Sí, ya he hablado con ellos, oí que me decía el ceremonioso señor Estévez, mañana mismo van a pasarse por allí, sí los dos que usted ya conoce, me han dicho que a primera hora estarán en la casa.

Han aparecido a las ocho y media, justo antes de que llegara Rosi. El peor momento del día, la hora maldita en la que empiezo a darme cuenta de mi horrible situación y siento unas ganas irresistibles de atiborrarme de tonopanes y dormir hasta que venga un maravilloso trabajo a despertarme. Justo cuando los chicos estaban acabando con el desayuno y de paso con mi paciencia.

Ya se lo habíamos advertido, me dijeron los muy hijos de perra a modo de encantador saludo matinal. No, si tienen ustedes toda la razón, me apresuré a excusarme mientras despedía con un rápido beso a los niños. Pasen, pasen y hablaremos con más calma. Pues ahora les va a subir mucho más, me perseguía la voz del más alto por el pasillo. ¿A subir?, pensaba yo intentando no perder un mínimo de lucidez para que la comunidad de vecinos en pleno no me saltara al cuello. Digo que vamos a tener que revisar el precio previsto, las poleas están ya inservibles, me aclaró al comprobar mi perplejidad una vez ya sentados el que llevaba la voz cantante, que era indudablemente el encargado. Claro, claro, el caso es que empiecen cuanto antes y podamos tener el ascensor en condiciones, me esforcé por mostrarme eficaz. No, si tiempo no es mucho, lo que pasa es que hay que sustituir muchas piezas, seguía el otro erre que erre augurándome cifras millonarias.

Y además está lo del montacargas, remató ya con abierta mala idea. ¿El montacargas?, exclamé a punto de la rendición total. Sí, ¿no se acuerda? También necesitaba un ajuste urgente del motor.

No, no me acordaba de nada, es más, juraría que hasta ese mismo momento ni él ni nadie me había hablado jamás del montacargas. Incluso estaba dispuesta a dejarme cortar mi mano derecha asegurándole que ni siquiera existía un montacargas en aquella maldita casa cuyo ático yo había insistido en comprar tan tontamente.

Sentí unos impulsos irresistibles de darles con la puerta en las narices y mandarles con viento fresco. Ni ascensor ni montacargas ni nada de nada. Y yo me iría a vivir debajo de un puente. Y los niños que se fueran con su padre y la desustanciada de Alicia, a ver si los aguantaban.

Pero resistí heroicamente. Sobre todo pensando en el vecino del tercero derecha, que en todas las reuniones monta unos follones tremendos si advierte cualquier error por parte del presidente de la comunidad. Ya en una ocasión me había dicho que a ver si me ocupaba más y mejor de mis tareas, que no era nada difícil. Lo dijo en tono de broma, porque no se atrevió a hacerlo de otra manera. Es más joven que yo y debió de darle algo de corte, pero ahora seguro que se iba a subir a la parra. Con el ascensor roto y el montacargas en pura amenaza. Sólo de imaginarlo me ponía a temblar.

Nada, me armé de paciencia y me puse a discutir con aquellos dos aguafiestas plazos y precios. Esta misma tarde me iban a traer un presupuesto, me aseguraron por fin, y mañana se pondrían manos a la obra.

El día ha transcurrido entre llamadas al administrador, más papeles imposibles en mi despacho, que parece que se crían solos precisamente cuando menos falta hacen, unas cuantas lágrimas de Sagrario, y un cansancio infinito. Una vez en casa de nuevo, he revisado el dichoso presupuesto con el encargado y he conseguido rebajar unas cincuenta mil pesetas. Me ha dado mala espina que cedieran así como así a la tercera de cambio, y con las pocas energías que yo le echaba.

Es usted imposible, me decía el muy rastrero para que me quedara tan contenta. No lo sabe bien cuánto lo soy, pero de contenta nada, y antes de dormir voy a mirarme de nuevo las dichosas cuentas. Tengo la sensación de que me la han metido doblada, y mañana hay reunión de la comunidad para informarles de la situación y aprobar de paso el presupuesto, y a este paso el del tercero me pone verde.

Lo peor estaba por venir. Las he visto cuando me iba a la cama. No era una sola sino tres, de esas rubias, llenas de patas, estrechas y rapidísimas. ¡Cucarachas! El grito ha hecho saltar de la cama a Javier; a Pepe ni un ejército de elefantes le hace moverse.

¿Qué te pasa, mamá? A mí nada, a la que le pasa de todo es a esta maldita casa. Mira, he voceado mientras le mostraba los tres cadáveres retorcidos sobre el mármol de la cocina.

¿Las has matado tú?, ha exclamado sorprendido este hijo mío que a veces parece que se ha caído de un guindo. ¿Pues quién si no? ¡No va a ser el muy eficiente vecino del tercero! Yo, claro que yo, con la zapatilla.

Mientras lo decía me iba dando cuenta de la situación. Allí estaba yo, en mitad de la cocina, descalza de un pie, con la zapatilla enarbolada en la mano derecha y la suela pringosa de los repugnantes restos de las cucarachas. Aún no comprendo cómo he podido alcanzarlas, pero lo he hecho, con una rabia mortífera, sin lugar a dudas. Habían salido con la oscuridad y los primeros calores de la temporada, las muy taimadas.

El asombro de Javi estaba justificado. Ya las recojo, no te preocupes, musitó admirado en el fondo por mi puntería. Me preocupo y mucho, he saltado como una hiena ante los ojos estupefactos de mi hijo. ¿Cómo no me voy a preocupar? ¡Me echan del trabajo, se estropea el ascensor, el de la compañía esa me quiere timar y encima ahora nos invade una plaga de cucarachas! ¿Qué quieres que haga? ¿Ponerme a bailar la samba?

Y me he puesto. Allí mismo, con una zapatilla en un pie, la otra en la mano, cojitranca, me he lanzado a dar vueltas y saltos como una loca alrededor de los tres cadáveres mustios y aplastados. He acabado sentándome derrengada sobre el banco del *office*, asustada de mi repentino enloquecimiento. Javi me miraba con los ojos como platos. ¿Quieres algo, un vaso de agua, una copa?, ha balbuceado algo asustado. Eso, un vaso de agua, con tanto revuelo lo había olvidado por completo, he ido a buscar un vaso de agua y me he tropezado con las cucarachas que habían salido de paseo por el suelo de la cocina. Sí, hijo, agua, le he pedido como quien llega exhausto tras una travesía por el desierto. He bebido dos vasos casi sin respirar. Luego he mandado a Javi a la cama, he encontrado el maloliente Orion y llena de furia he inundado de veneno todos los rincones de la cocina. Al borde del ahogo, he tenido que ir a refugiarme al cuarto de baño. Acabo de volver de lavarme y restregarme, a mí misma y a la asquerosa zapatilla. Cucarachas. Lo he intentado todo, aerosoles, polvos de esos amarillos, hasta esos de la desinsectación que vienen dos veces al año. Inútil. Empezaron a salir justo al poco tiempo de mudarnos, que lo hicimos en primavera, después de medio año de obras. Vi la primera como he visto hoy a estas tres, una noche en la cocina cuando estaba cerrando la llave del gas. Armé tal revuelo que Jorge vino a ver qué me pasaba. Mujer, no es para tanto, me dijo y se fue tal cual a su posición preferida delante del televisor.

Al día siguiente estaba yo hablando con el portero, que no era Domingo sino Pedro, un señor mayor muy simpático al que por lo visto le encantaban las cucarachas. No se preocupe, señora, es sólo por el calor, y a usted casi ni le llegan, se quedan todas en el sótano.

Me llegaban, había visto yo una con mis propios ojos, y además no estaba dispuesta a vivir en una casa invadida todos los veranos por esos bichos deleznables.

Compré todo lo comprable, comida envenenada, botes gigantescos y malolientes, polvos de todas clases, hasta que convencí a la comunidad de vecinos y avisamos a una compañía especializada. Estudié personalmente varios presupuestos, seleccioné la mejor firma y arrasaron el inmueble entero. Tuve la casa dos días cubierta de una capa amarillenta sin poder tocar nada, absolutamente decidida a acabar con toda la especie. Durante una larga temporada no vi ninguna, incluso volví a ser una mujer feliz y despreocupada que se atrevía a salir por la noche de su habitación sin zapatillas.

Volvieron cuando se largó Jorge, que fue justo también antes del verano, no me había dado cuenta hasta ahora. Sí, precisamente en mayo, cuando le atacó una alergia que por poco se muere, con un asma espantosa que le obligaba a dormir sentado, y yo como una santa tenía siempre a punto la inyección de Urbasón por si acaso le daba el ahogo.

Pues con alergia y todo me dejó plantada, y en ese preciso momento empezaron a surgir cucarachas de todos los rincones. Parece que Jorge lo hubiera hecho adrede, mira que abandonarme en esos momentos.

Aquel verano hubo una auténtica plaga. Salían de los desagües de la cocina, de los cuartos de baño y hasta de la terraza, como las de esta noche, largas y rubias, una maldición. Yo me levantaba a cualquier hora de la noche, y las veía corretear tan contentas por todas partes, como si fueran ellas las dueñas y no yo, que tenía hasta pesadillas y a punto estuve de vender la casa.

Por fin vinieron los de la desinsectación y acabaron con casi todas. Pero ya nada fue como antes, mi psiquiatra me tuvo que dar unas pastillas para dormir, porque las veía hasta en la almohada y me despertaba como loca dando gritos.

Las muy perversas emprendieron una auténtica guerra psicológica pues la otra la veían ya perdida. Eran de verdad batallas todos los veranos, cuando llegaban los de la fumigación con esos aparatos colgados de la espalda y sembraban de polvo amarillo todos los rincones, y yo tenía que dejar a Black en casa de mis padres, porque el pobre se acercaba y siempre se le metían algo de esos malditos vapores por el hocico.

Y ahora otra vez.

No, no era casualidad, ni tampoco cosa de la estación como decía el tonto de Pedro, puesto que aún estábamos en abril y los calores ni se habían presentado. No entiendo entonces por qué estaban ellas aquí. Sólo para eso, para fastidiarme, para burlarse de mí, para sacarme de mis casillas, para acabar de rematar la tarea iniciada por José

Antonio. Las tres que acababa de ver se paseaban tan tranquilas, incluso con cierto aire de provocación, aquí estamos y de aquí no nos movemos, parecían decir. Pues se van a enterar, este año la presidenta de la comunidad soy yo y se les va a caer el pelo. Ni ellas ni sus hijos ni los hijos de sus hijos van a volver a molestarme en su vida. Guerra a muerte, exterminación total.

21

EL ADIÓS

De liberación nada, y mira que me lo habían repetido. Te sentirás otra, cuando lo dejes te vas a quedar como nueva. Mentira podrida, ya lo he dejado y me siento fatal, con una congoja que me llena el estómago y me sube hasta la garganta, y una languidez que me impide hasta mover las piernas. Y el estómago hecho trizas por culpa de la dichosa tarta. No entiendo cómo la gente anda consolando tan tontamente.

Es como lo de las viudas, me dijo Pepa que, por cierto, de viudas no tiene ni la menor idea. Ahora que lo pienso el que está viudo es su padre. Me explicó su teoría: al principio se quedan hechas polvo, pero luego renacen y se encuentran mejor que nunca, como si cogieran el gusto de vivir solas sin marido que las moleste. Te pasará igual, que tanto ir a ese despacho maldito te está amuermando, y allí ya no pintas nada, lo hecho hecho está.

Y Pepa se quedó tan descansada, para dar lecciones es única, pero ella qué sabrá, si no ha trabajado en su vida ni falta que le hace, porque además de lo que gana Federico tiene acciones hasta en el banco de la esquina. Gracias a su madre, la pobre.

Todo burdas mentiras. Lo de las viudas no, ya me había dado cuenta por mí misma y se las ve estupendas. Conozco a dos amigas de mis padres que se lo pasan divinamente, todo el día de acá para allá, con sus viajes y sus tés, sus partidas de cartas y sus conferencias, tienen tiempo para todo, están encantadas de no ocuparse de las comidas, de poder salir y entrar cuando les dé la gana, de tener todas las luces de la casa encendidas a la vez y de meterse en la cama bien pringadas de cremas. Pero lo que no dice Pepa es que están forradas, porque antes siempre que se hablaba de una viuda se decía la pobre, y es que era así, pobre de solemnidad, con una pensión de miseria, y no daba lástima porque le faltara el marido sino porque no tenía un duro.

Las viudas ricas son otra cosa, ni parecen viudas siquiera. Es como lo mío, que después de todo a lo mejor tiene razón Pepa. Si yo tuviera montones de dinero, a lo mejor estaría tan encantada como una viuda rica, y el despacho que se fuera a la mierda directamente y José Antonio si te he visto no me acuerdo y Félix a freír espárragos. Pero no, a lo mejor lo que me ocurre es que estoy aterrorizada de tener que ganarme la vida. Y así no hay manera de liberarse.

Lo que siento es una pena tan grande que no sé qué hacer con ella. Y ya sé que lo hecho hecho está, pero eso ni quita ni pone para que me dé pena, y empiezo a acordarme de todo y se me salen las lágrimas como a una tonta; y estoy en el despacho y pienso que esta mancha es de un día que se me cayó el café en la moqueta y nunca nadie pudo conseguir que se fuera. La miro y tiene forma de cara, un poco torcida de un lado. Ese día estaba buscando un reportaje sobre el Perú y se me cayó la taza encima y me puse toda perdida. Algunas de las fotos estaban algo quemadas y el fotógrafo que no, que tenían una luz estupenda y que si salían mal era culpa de la fotomecánica; todos tienen la misma manía de echarle la culpa a los otros cuando no, estaban sobreexpuestas y punto.

He recogido los pósters que tenía en las paredes y los he mandado directamente a la papelera, como me dije el primer día, de aquí no saco nada. Y Sagrario venga a dar vueltas sin parar un momento, como es el último día, repetía sin cesar. No entiendo que por esa razón, por ser el último día, no pueda parar quieta.

¿Aprovechamos para hacer llamadas?, me ha dicho en una de sus múltiples entradas. ¡Justo lo que yo estaba pensando! Ni llamadas ni nada, Sagrario, hoy no hacemos nada, hoy nos despedimos, decimos adiós, lloramos un poco, me parece que ya es tarea suficiente. Bueno, lo que quieras, me ha contestado, pero es peor estarse aquí paradas, comiéndonos el coco y dándole vueltas a las cosas. La única que daba vueltas aquí era ella y además lo que yo quería era eso, sufrir un poco, porque me daba la real gana.

Además aún teníamos que despedirnos de la gente, eso ha sido lo peor, he tenido que hacer de tripas corazón, porque lo único que deseaba en el mundo era largarme por las buenas, después de todo lo que había pasado. Pero no, le he dicho a Sagrario que teníamos que despedirnos. De las niñas de administración por supuesto, que son unos encantos y siempre nos han echado una mano, y también de los jefes, que hay que quedar como señoras aunque ellos sean unos guarros. Y de alguna gente de las plantas segunda y tercera. Ha sido eso como un besamanos, me he pasado por el baño y me he dado un retoque que más parecía una restauración completa, pero ni hablar de ir paseando esta cara destrozada que llevo a cuestas, y mucho más hoy, que era pura congestión, y un poco de polvos compactos, de rímel y de colorete hacen milagros. El de la resurrección de Lázaro necesitaría yo para estar en condiciones, pero al menos me ha servido para mantener el tipo.

No dejes de llamarnos en cuanto sepas qué vas a hacer, me ha dicho el canalla de José Antonio cuando he entrado en su despacho. Tiempo me va a faltar para contarle que mi teléfono se ha quedado mudo y mis amigos se han esfumado por arte de magia.

No tenemos que perder el contacto, al cretino de Pepe me lo he encontrado por la escalera; no pensaba ni loca pisar su despacho, y como no puede cerrar esa bocaza que tiene, pues me ha tenido que soltar esa chorrada, como si el contacto no estuviera más que perdido a estas alturas. Si alguna vez lo hubo, yo ni me enteré.

El paseo ha sido un duelo, mucha gente, la pobre, ponía cara de circunstancias, pero se les notaba que estaban a punto de darme el pésame; bien saben ellos cómo está la calle, literalmente atestada, y allí sí que no se encuentra nada, ni el contacto perdido ni el que nunca se tuvo.

Al bajar a la primera, a ese despacho que ya casi no es mío, me esperaba la gran sorpresa. He abierto la puerta y allí estaban todos, Lola, Conchi, Nieves, Rafa y Sagrario con una gran tarta y varias botellas de cava. Isabel, Isabel, Isabel, han gritado a coro enloquecidos. No sabía si ponerme a llorar como una imbécil o echarles a patadas. Sólo al demonio se le ocurre celebrar un cierre de revista y un despido tantas veces como a ellos. Lo del primer día, la encerrona de la comida, la borrachera colectiva, aún tenía un pase, pues al fin y al cabo nos cogió por sorpresa y cada uno reacciona como puede. Pero lo de esta tarta como de cumpleaños ha sido demasiado. Menos mal que se habían contenido y no habían colocado velas de aniversario, que, si no, me los como vivos.

Pero no se les puede negar su buenísima intención, porque ellos ya no vienen por la oficina desde hace un par de semanas. Los largaron de forma inmediata, no como a mí, que he tenido que arreglar los papeles. Y tiene su mérito volver después de la cochinada que nos han hecho.

Pues allí estaban todos. Todos no, porque de repente me di cuenta de que faltaba Marisa. Con el susto del primer momento ni me había fijado.

¿Y Marisa?, le he preguntado a Lola. Pues ya ves, no la hemos avisado, como es tan rara, y además, así mejor, estamos más en confianza, me ha dicho tan satisfecha. ¿Es que Marisa no era de confianza? La verdad es que no entendía nada de nada. Verás, ha seguido Lola que nunca ha tenido pelos en la lengua, ya sabes que tiene un carácter de perros, y estábamos todos hasta las narices de ella, así que con su pan se lo coma, que el nuestro ni lo olerá.

Definitivamente estoy en la inopia. Nunca había pensado que la tal Marisa fuera insoportable. Es más, conmigo siempre fue un encanto, toda amabilidad y buenas caras. Puro servilismo, ha remachado mi antigua redactora jefe, no sabes cómo era con el resto de la gente. No, desde luego que no sabía lo que se dice nada, no me extraña que José Antonio me haya dado con la puerta en las narices. Por ignorante.

Olvídate, me ha dicho Lola al comprobar mi desconcierto, que ahora viene lo mejor. Tal como estás seguro que ni te has enterado: Gutiérrez sigue, dijo como quien anuncia una bomba. ¿Gutiérrez? Sí, el mismo, y se echó a reír a carcajadas, que lo que es humor no le falta a Lola.

El tal Gutiérrez es una institución en la casa. Plasta como él solo, cuentan que era el hijo mayor de la niñera de José Antonio, y por lo menos aquí está desde que se fundó la empresa. Jubilado y todo, seguía haciendo cualquier tipo de apaño y era capaz de organizar el mayor lío en cuanto una se descuidaba. A él también le había tocado la china cuando lo nuestro, los jefes aprovecharon para quitárselo de encima, uno más qué importa. Era una china pequeña, porque lo que ganaba era una especie de propina que se añadía a su jubilación, pero a juzgar por sus lamentaciones parecía que le arrebataban el alma. Bueno, pues Lola me lo contó todo, se lo habían chismorreado los de la segunda.

Gutiérrez, oficialmente y a pesar de que iba despacho por despacho llorando sus cuitas, no se dio por aludido, y allí seguía con los mismos recados y las mismas propinas. La fórmula fue tan sencilla como eficaz. Hizo que no se enteraba. Gutiérrez, no hace falta que vuelva más por aquí, le dijo Luis Miguel, porque José Antonio no tuvo agallas. No, si no me importa, yo vengo encantado, contestó Gutiérrez que parece atontolinado pero es más listo que el hambre. No, no, insistió Luis Miguel, que es un perfecto desalmado pero está al tanto de lo de la niñera de José Antonio y se anda con tiento. De verdad no hace ya ninguna falta, siguió con mucho cuidado, sin decirle bien a las claras que ya estaba bien, que se largara, que de verdad tiene narices la historia, pues a nosotros bien claro que nos lo dejaron.

Gutiérrez salió del despacho de Luis Miguel aquel día muy cariacontecido y se pasó toda la tarde de suspiro en suspiro, pero a la mañana siguiente allí estaba como un clavo. Como si nada. Recogió la correspondencia en portería con la misma expresión imperturbable de siempre y la repartió por los despachos saludando a diestro y siniestro. A mí no me chocó porque allí estábamos todos y andaba yo además un tanto extraviada. La cosa es que no sólo se presentó a trabajar ese día, sino al otro y al otro y al otro hasta hoy mismo.

Acababa de caer en la cuenta que me había tropezado con él cuando subía a las otras plantas. Un vivo, eso es lo que era Gutiérrez, sabía más que Lepe con tanto llanto y tanto lamento. Un auténtico héroe de la resistencia pasiva. A eso se llama tener retranca y presencia de ánimo, que ni la una ni la otra le han faltado en ningún momento.

Pues aquí aguanta hasta que le entierren, concluyó la burra de Lola, y nosotros a la calle. Bien tuvimos que firmar la carta de despido, y a él ni se la pudieron dar, que ya estaba jubilado. Ni a escobazos se iban a librar de él. Allí, delante de la puerta de José Antonio se estaría el muy tozudo, haciendo guardia día y noche, sin moverse un milímetro. Y a mí, que soy tonta de remate, el tal Gutiérrez me había parecido siempre un retrasado, un incapaz y un liante. Liante sí, que ya se le estaba viendo todo el plumero, pero de burro nada, era con mucho el más espabilado de todos. Y si no, ahí estaba la prueba: nosotros poniéndonos morados de tarta y abriendo cava para celebrar como perfectos imbéciles nuestro despido y él tan terne, sin mover un músculo, recibiendo su sobre a fin de mes y si te he visto no me acuerdo.

Me alegré por Luis Miguel, para que reventara de rabia, él que se deshace en babas delante de los jefes. ¡Menudo encargado de personal estaba hecho! ¡Había sido incapaz de poner en la calle a un inofensivo jubilado! Él, tan implacable, la amenaza de todas las redacciones, el castigo de los impuntuales, el azote de los absentistas, balbuceando como un idiota delante de Gutiérrez. Brindé una y otra vez con el cava que había traído mi gente. ¡Por Gutiérrez el resistente! Y me bebí media botella.

Cuando se fueron todos eran más de las tres. Yo estaba literalmente hecha polvo. Y sin ánimos de moverme de allí. Pero tenía que irme. Aquél ya no era mi despacho.

Se había acabado la función. Ya no habría más revista, más reportajes, más manchas en la moqueta, más fotos quemadas. Ya no más Lola ni más Sagrario. ¿Qué iba a hacer yo sin Sagrario? ¿Quién me iba a decir a partir de ahora a mí cuánto valía el metro, cómo hacer una buena lista de llamadas, cuál era el mejor cuaderno? El cava estaba haciendo de las suyas en mi cerebro. La tarta se instalaba en cada rincón de mis tripas untando de nata el último recoveco de los intestinos. No hubiera tenido que probarla, pues los dulces así en ayunas me sientan como un tiro, pero los nervios me traicionaron y me zampé todo el trozo que me sirvió Conchi. De aquellos polvos estos lodos.

Me recosté unos minutos sobre la mesa hasta que un pinchazo en la oreja me hizo dar un salto. El cierre del pendiente por poco me atraviesa el cráneo.

No, hoy no ha sido mi día. Incumpliendo todas mis promesas, nada más salir del portal, muy digna, como en las películas, sin echar una sola mirada atrás, he levantado la mano y me he subido a un taxi. ¡Faltaría más!

Y al llegar a casa he llamado a Pepa.

Pepa, eres una embustera.

¿Qué te pasa, Isabel? ¿Te encuentras bien? ¿Quieres que me pase un momento a verte?, me ha contestado alarmada.

Nada, no me pasa nada, me encuentro bien y no quiero que te vengas desde Majadahonda a contemplar mi espantosa cara. Pero eres una embustera de tomo y lomo. De liberación nada, estoy hecha puré, y la próxima vez que me hables de las viudas te vas a acordar de mí para siempre.

Y colgué.

22

DE COMPRAS

Lo primero que he hecho esta mañana ha sido llamar a Pepa.

Pepa, mujer, lo siento, ayer estaba que no podía más.

No, si ya me di cuenta, a punto estuve de coger el coche y plantarme en tu casa, me ha respondido mi amiga de inmediato. Pero no sé, luego pensé que a lo mejor estabas con Miguel y preferirías estar a solas. Le he explicado que qué va, que fue mi último día en el trabajo, y aunque ya lo sabía, y pensaba que estaba preparada, me superó.

Pepa es mi mejor amiga, aunque de eso aquí no he dicho nada porque desde aquel lunes funesto toda mi vida se ha desquiciado. Y además me estoy dando cuenta de que en este diario sólo caben barbaridades y desgracias. Que para esto sirve, para soltar todas las cosas que se me van ocurriendo, pero esto no puede seguir así; a lo mejor este papel reciclado es gafe, a saber de dónde ha salido esta página en la que estoy escribiendo. Porque lo llaman reciclado, pero yo no sé de dónde sale, y debe de haber sido usado antes, lo mismo puede haber servido para fabricar los presupuestos del Estado como de diario de otro desgraciado como yo, todo en francés claro, pues el cuaderno lo compré en París, pero maldita la gracia que me hace no saber de dónde viene el papel este. Además es más oscuro, como sucio, se diría que no lo han podido limpiar del todo y están allí dentro las letras de otros, otras vidas, y me da un poco de grima el pensarlo.

Menos mal que está ya en las últimas, como yo. Acabo de darme cuenta de la cantidad de páginas que llevo escritas y son un auténtico montón, y además a mano. Hacía la tira de tiempo que no cogía un rotulador y escribía de corrido.

No puedes seguir así, me ha dicho Pepa, esta misma tarde quedamos y nos vamos de compras. Tengo que hacer un montón de recados y me apetece ir por Madrid. Luego nos tomamos un par de copas y te animas un poco.

No he podido replicarle, además hubiera sido inútil, porque una vez que ha decidido una cosa no hay quien se lo saque de la cabeza, en eso Pepa es de cuidado. La verdad es que tampoco me encontraba con fuerzas, y además ¿qué demonios tenía yo que hacer que me impidiera ir de compras? Nada, absolutamente nada. Ya no tengo trabajo, tampoco tengo despacho, ni a Sagrario ni a nadie.

Lo que tampoco tengo es dinero, bueno tenerlo tengo, pero no para gastarlo tontamente, porque el mes que viene aquí no entrará un duro y no quiero ni pensar en el siguiente.

Pero puedo mirar, que es gratis, y darme una vuelta, que buena falta me hace. Llevo casi un mes de luto y ya va siendo hora de que me lo quite, y no porque haya pasado nada nuevo sino sólo porque el tiempo lo cura todo. El luto siempre ha sido así, te quitabas el negro al cabo de un año y luego venía la fase del alivio, estaban permitidos el gris, el morado y el blanco, hasta que se acababa del todo y otra vez volvían los colores, sin más razón que esa, el paso de los días y los meses que pueden con todo.

Así ya tengo una cita en firme, a las seis en punto en Mallorca de Serrano. No quiero recordar el asunto pero hoy es mi primer día de paro oficial. Parecía que no, pero ya ha llegado.

Esta mañana me he levantado a mi hora, como si no pasara nada, y he bajado a Black, he preparado el desayuno a los chicos, les he ayudado a recoger los libros, y luego he estado hablando con Rosi, dándole todas las instrucciones y a renglón seguido no podía ya más. No serían las diez de la mañana cuando ya me estaba metiendo otra vez en la cama.

Me duele mucho la cabeza, así que voy a descansar un rato, le he dicho a Rosi. Me ha dado vergüenza que me viera hacer una cosa así a esas horas de la mañana. No entiendo por qué, si al fin y al cabo yo le pago para que haga lo suyo, y a ella tanto le da que yo esté en la cama como en el trabajo. Y en el trabajo no puedo estar, ya que no tengo, me lo han arrebatado los muy guarros.

Pero me da corte, no puedo evitarlo, eso me viene de pequeña, siempre me ha parecido mal estarse de brazos cruzados mientras otros no paran. En cambio a Pepa le importa tres rábanos, y eso es curioso, que fuimos juntas al mismo colegio y no tenemos nada que ver. Parece mentira lo amigas que somos y lo poco que nos parecemos. Por si ella fuera se pasaría el día mano sobre mano y dirigiendo muy repantigada las faenas de los demás, pues organizar y mandar es lo que más le gusta.

La cosa es que, después de dar las estúpidas explicaciones a Rosi, me he metido en la cama. No estaba cansada, sino literalmente rendida, rellena de plomo, abotargada. Ha sido entonces cuando he llamado a Pepa y nada más hacerlo, cosas de la vida, me ha empezado el dolor de cabeza.

A lo mejor ha sido un castigo del cielo por haberle dicho a Rosi que lo tenía siendo mentira.

Al poco rato ha llamado Miguel: cómo te encuentras, descansa todo el tiempo que quieras, lo de Pepa me parece estupendo, así te distraes un rato, y no te preocupes por nada, que yo estoy contigo.

En espíritu debe estar conmigo el muy caradura, que lo que es en cuerpo no lo he visto desde la cena aquella del sábado, pues tenía, mira que es casualidad, un viaje urgente a Londres, imposible posponerlo me dijo, y de estar conmigo nada, justo ahora cuando más lo necesito.

Tampoco lo necesito tanto, es más la idea que otra cosa. Pero me da rabia, pues a ver qué demonios resolvía yo teniéndole ahora aquí al lado, sólo molestias, ya que ni a la cama me hubiera podido ir. Pero rabia sí que da, porque lo de Pepa le ha parecido estupendo por eso, porque así se ha evitado tener él que quedar conmigo en mi primer día en casa. Y ha visto el cielo abierto con mi cita por la tarde, así se libra de aguantar al muermo de mi persona que no es plato de gusto de nadie, lo sé muy bien.

He dejado el cuaderno y el rotulador en la mesilla de noche y me he quedado adormilada hasta las cuatro, que es una barbaridad. Me ha ido entrando una modorra invencible y he caído frita, envuelta en sueños extraños en los que aparecía Miguel, que estaba haciendo la revista y a mí me parecía normalísimo; y estaban también Conchi y Félix que discutían mucho, y lo curioso del caso es que yo era como si no existiera, pero en el sueño eso no me extrañaba nada. Con la dichosa siesta mañanera no he descansado nada, me he levantado hecha polvo y con la cabeza igual: no era exactamente dolor pero me la sentía muy pesada. Y furiosa de haber perdido tantas horas. Son horas perdidas de antemano y eso de aprovecharlas es una tontería y lo sé, pero no lo puedo remediar, como lo de dormir, que en cuanto me descuido me entra un sopor que no puedo con mi alma. Me he metido directamente en la ducha, he decidido que voy a ir a la peluquería, que no puedo seguir así, me he zampado un plato de judías verdes que Rosi me había dejado preparadas y me he arreglado para salir.

He ido a Serrano en metro, porque ahora ya tengo un billete de esos de diez, como si fuera una asidua, y hasta me hace ilusión sacarlo de la cartera y pasarlo por la máquina, que me parece un sistema modernísimo, y una cosa es que yo vaya de compras, que no voy, sólo miro, y otra que saque el coche sólo para eso, o que coja un taxi. En metro, y se lo he contado a Pepa en cuanto la he visto, ya que aún no le había dicho nada de mi decisión.

Esta tarde estaba bastante lleno para no ser hora punta, las cinco y media pasadas. No me he podido sentar, todo estaba ocupado por gente feísima; no sé qué me ha pasado, pero cuando he subido de nuevo las escaleras y he salido a la calle todos me parecían guapos, bien plantados, como si fueran modelos al lado de los de abajo. No sé si se deberá a las luces del subsuelo o qué, pero supongo que los del metro alguna vez saldrán a la superficie y seguirán siendo feos, no van a cambiar así de golpe. Incluso los de arriba bajarán alguna vez al metro, como lo hago yo ahora, y no dejarán por eso de ser guapos. En realidad creo que bajan poquísimos porque yo hasta ahora, hasta antes de mi despido, nunca lo había hecho, y sólo después de fijarme mucho he podido ver alguna excepción a tanta fealdad, una chica joven que no estaba mal, pero lo de los jóvenes es otra cosa, en ellos no tiene mérito no estar mal. Me he mirado de reojo en uno de los cristales que, con el fondo oscuro, hacen un poco de espejos, y me he visto también horrible. Pero pienso que estaba ya espantosa antes de salir, en mi propia casa, que esto no tiene nada que ver con el metro, con los ojos hinchados, será de tanto dormir, digo yo, y la piel como enrojecida, que ni el maquillaje ha podido disimular.

Y luego está lo de los negros; no entiendo cómo nadie

me había comentado antes nada cuando es algo asombroso. Porque el metro está lleno de negros. No son viajeros, sino que se ponen en los pasillos a vender de todo sobre unas telas oscuras que les sirven también de hatillos. Un auténtico zoco son los enlaces del metro. La verdad es que los precios están tirados; en un primer momento no he sabido qué hacer, me daba corte preguntar así por las buenas cuando a lo mejor no compro nada, pero he visto que una chica se paraba ante un puesto de camisetas, todas bien metidas en sus bolsas de plástico, que sólo extienden algunas de muestra; costaban quinientas, y a la vuelta he comprado seis blancas para los chicos; tres me las han dado por mil trescientas, y les han parecido de lo más normal, no les he dicho ni pío que se las he comprado a un negro del metro que igual no las querían, menudos son ellos.

Pues se van a enterar ahora, se acabó lo que se daba.

Se lo he contado todo a Pepa nada más verla y no se lo podía creer. A ella tampoco nadie le había hablado del mercadillo que tienen organizado en las estaciones de metro. Y antes de irse a su casa ha bajado conmigo y lo ha visto con sus propios ojos. En Serrano no, que en Serrano no hay zoco ni negros ni nada que se le parezca, porque la estación es pequeña y no enlaza con ninguna otra línea, o quizá se deba a que es Serrano; algo tendrá que ver la zona, digo yo, a lo mejor es que no les dejan vender abajo.

Nos hemos acercado hasta Alonso Martínez y ella también ha comprado camisetas blancas. El negro se ha quedado encantado de la vida y si llegamos a insistir más nos hace un descuento. Nos ha contado que no les dejan vender y que tienen que estar preparados para en cuanto llegue la policía salir por piernas. No nos lo ha dicho así porque su español era bastante macarrónico, no se entiende nada de nada.

Luego van y dicen que todos los inmigrantes africanos

son unos delincuentes y les prohíben vender camisetas y mallas y paraguas y pulseras y pañuelos en el metro, que tienen de todo. Debe de haber una mafia detrás y ellos se llevan una miseria, pero es un trabajo honrado y no molestan a nadie.

Al contrario, hacen un buen servicio a todos, como a mí con lo de las camisetas, pues mis chicos tenían las suyas imposibles y me he ahorrado un buen dinero por venir en el metro.

Y por un rato se me ha olvidado lo mío sólo de verlos a ellos, que menuda desgracia tienen. Ése con el que he hablado era de Senegal, y no está aquí de vacaciones ni ha llegado porque sí. Todos son hombres, deben venir solos, y dejar a las mujeres en sus países. Al contrario que Santo Domingo, de donde vienen sólo las mujeres. Y lo mío al lado de lo de ellos es una nimiedad, pues yo al fin y al cabo tengo a mis padres, a mis hijos, mi casa y estoy en mi propio país, que no es gran cosa pero algo es algo.

Y el paro de ellos no cuenta, eso seguro, no como el mío que, aunque no está contabilizado, lo estará el mes que viene, y siempre queda el consuelo de que eres un número de esos que tanto asustan. Mucho peor es no ser nada. La verdad es que nuestro vendedor era la mar de simpático, y en cuanto le hemos empezado a tirar de la lengua nos ha contado media vida.

Todo gracias a Pepa, que no se corta ni un pelo y tiene siempre la palabra oportuna, y entra con el mismo aplomo en Cabasse que se planta ante el tenderete del negro. Mira, remira, pregunta y hasta interroga con un desparpajo que yo envidio desde el fondo de mi alma.

¿Cómo lo haces, Pepa?, le he preguntado cientos de veces. No seas tonta, mujer, me dice muy satisfecha, yo no hago nada. Pero hace, y ella lo sabe, que es un don innato eso de poder entrar en todos los sitios como Pedro por su casa. Claro, enseguida los dependientes le hacen caso, y los camareros y cualquiera que se le ponga delante, y en cambio a mí no hacen ni mirarme; se me nota que estoy pidiendo disculpas sólo por haber entrado, cuando la cliente soy yo y resulta un disparate. Es algo que se tiene o no se tiene; yo he tratado de imitarla pero no me sale ni a la de tres, y cuando entro en una tienda siempre pienso que tengo que comprar algo aunque no me guste, y lo hago, tengo en el armario dos pares de zapatos que no me puedo poner porque me hacen un daño horrible, y me di cuenta nada más probármelos, pero me dijo la dependienta, no se preocupe que se dan de sí enseguida. Yo sabía que no, que era mentira, que lo decía porque no tenían el treinta y ocho, pero me los compré por no llevarle la contraria y allí están muertos de risa. Y eso a ella no le habría pasado nunca, y si no tienen su número se lo fabrican.

Si no viene Pepa conmigo yo no hablo con el negro; a lo mejor ni le compro las camisetas a pesar de que me había decidido a la ida, pero no sé, igual en el último momento me hubiera dado corte y hubiese pasado de largo como si nada, sólo mirando un poco con el rabillo del ojo.

Y eso no tiene nada que ver con lo de mi despido, porque a mí me ha pasado siempre y a Pepa nunca, así son las cosas. Y ahora más, me doy cuenta de que voy amedrentada, y no me extraña, que después del palo que me dio José Antonio aquel lunes no consigo levantar cabeza.

Pepa ha dicho que de volver ella sola a Serrano en el metro ni hablar; todavía no nos habíamos tomado la copa, así que hemos hecho el trayecto juntas, luego me ha traído a casa en su coche, y se nos han hecho las tantas sin darnos cuenta.

Nada más llegar me ha llamado mi madre. Hija, llevo toda la tarde llamándote, no sé dónde te has metido si hoy no ibas ya a trabajar, y me he quedado helada, porque no ha dicho más que la verdad. Pero tampoco se trata de que tu propia madre te meta el dedo en el ojo, sin embargo, no le he dicho nada. Es que he salido con Pepa, que tenía que ir de compras y se ha empeñado en que la acompañara, le he contestado muy educadamente. Muy bien, hija, me parece estupendo, así te distraes un poco.

Y eso es lo que más rabia me da, que todo el mundo se empeñe en que me distraiga, cuando lo único que tengo que hacer es no distraerme nada, concentrarme en lo mío, morirme de pena.

23

EL FONDO

Con ser espantoso, lo peor no es esto, estar despedida, en el paro, vivir pendiente del teléfono. Lo peor es el recochineo, no entiendo cómo alguien puede tener tanto descaro y tanta desvergüenza. Porque yo no digo que la culpa sea suya, ni me había acordado de nuestro presidente en todo este mes que llevo con la desgracia a cuestas, y todo se lo achacaba a José Antonio y un poco también a Félix, aunque menos. Incluso del de Marbella me había olvidado, que soy una santa.

Yo hasta ahora ni pío, bien calladita y hasta a mí misma me echaba la culpa, por inútil, que buena perra agarré los primeros días. De él nada, ya que después de todo no sé que vela tiene en mi entierro.

Pues la tiene, ahora resulta que la tiene porque se ha metido conmigo sin que yo le haya pedido ningún consejo.

Dice, le he oído decir con mis propios oídos, que tengo que ayudar a levantar las barreras que dificultan el empleo. Así, sin pestañear, sin mover un párpado, que lo he visto. Lo bueno de la televisión es que ya no puedes ir explicando que en realidad no dije eso sino algo parecido pero más suave. No, no. Con estas palabras.

Y, sin perder el aplomo, remató la faena diciendo que los parados teníamos que ser protagonistas de nuestro propio destino. Me ha dejado de piedra.

De verdad no esperaba esto de él. Despistado lo es un rato; muchas veces cuando le veo ir de aquí para allá, en las escalerillas de los aviones, me imagino que no debe de tener ni un minuto libre para enterarse de lo que pasa en este país, encerrado como está todo el santo día en su despacho recibiendo gente, que sólo sale para ir al aeropuerto. Pero esto rebasa ya toda medida.

No tiene ni idea de por dónde van los tiros, y se debe creer que los parados estamos todo el día levantando barreras para que no nos contrate nadie, que estamos encantados de no hacer nada. A José Antonio le tenía que haber dicho lo de la barrera, se hubiera reído de lo lindo, le hubiera dado un ataque de sólo verme a mí dificultando el empleo como loca. Lo que es facilidades las he dado todas, igual servía para un roto que para un descosido, y así me ha ido, de patitas en la calle.

Porque lo ha dicho ahora, que me ha cogido más tranquila, que si lo suelta hace menos de un mes, de verdad que le salto al cuello.

Venirme a mí con que tengo que derribar las barreras, como si fuera cosa mía, como si yo las hubiera puesto así, muy colocaditas, una piedra encima de otra, para que nadie me vea y poder estar en el paro tan ricamente sin que nadie me moleste.

Yo creo que Conchi no se habrá enterado, porque el día que la vi estaba todavía con la mirada extraviada y ésa aún va a tardar en reponerse. Supongo que no debe de comprar ni el periódico ni encender la televisión para no gastar, que cuando se pone en plan rata nadie le iguala, porque si se entera se pega un disgusto de muerte, con lo que ella le quiere. Es maravilloso, repetía poniendo los ojos en blanco, ni que fuera Harrison Ford, con esa fuerza, ese poder de convicción, esa seguridad, y cómo mueve las manos, igual que un pianista, y parecía que caía en pleno éxtasis. Toma maravilla, toma dedos mágicos.

No, estoy segura de que no sabe nada de nada la pobre Conchi y mejor que siga sin saberlo; bastante tiene con lo de su crédito para ponerse ahora a derribar barreras, es muy capaz de hacerlo, que es muy voluntariosa y después del primer momento de disgusto igual le da por decir que quién sabe, que a lo mejor él lleva toda la razón, que sus motivos tendrá, que si lo ha dicho es por algo y que quiere convertirse en protagonista de su destino.

Esto es ya un pitorreo, no entiendo cómo no le ha temblado la voz; pues no, lo ha dicho muy firme, absolutamente convencido. ¡Menudo destino el nuestro para ser encima protagonistas!

Yo a ratos le entiendo, pues menudo follón tiene montado, con esas cifras que no hacen más que subir. Es un embolado para salir corriendo, pero al menos un silencio, un pudor ante tanta desgracia... No se trata de ir soltando lo primero que se le pase por la cabeza y quedarse tan fresco.

Y digo yo que tendrá consejeros que le adviertan que debe andarse con esos temas con mucho cuidadito, que hay mucha gente pasándolas negras y se van a molestar si les sueltas lo de protagonistas.

Pero a lo mejor los consejeros tampoco se enteran y resulta que todos están en la inopia como Manolo y como Emilio, y no conocen a nadie que esté en el paro, o si lo conocen hacen como que lo ignoran.

Tendría que escribirle una carta y ofrecerme de asesora, porque en estos últimos días he aprendido muchísimo; tendría que haber pasado él por eso, que estoy segura que nunca ha ido de puerta en puerta buscando empleo.

Yo arreglar no arreglaría nada, ni sabría por dónde empezar, pero al menos le diría que tuviera la boca bien cerrada, con lo que sería mucho más discreto y no molestaría a nadie. Esta vez yo me he dado por aludida y me ha irritado horrores, parecía que encima de lo que estoy pasando me intentara tomar el pelo.

Porque esperar que esto se pueda arreglar ya no lo espera nadie, de modo que tampoco él tiene que ir por el mundo dando explicaciones, que entonces sí que la fastidia.

Yo no sé lo que está pasando, pero a los políticos no les da más que por decir tonterías. Como esa memez de lo de tocar fondo, que me pone auténticamente los nervios de punta.

La crisis ya ha tocado fondo, anuncia cada semana algún experto en economía y se queda tan ancho, como si eso quisiera decir algo. Porque primero, ¿acaso saben ellos dónde está el fondo? No lo saben, seguro, el fondo ese nadie tiene ni idea de dónde está. Porque las cosas están horribles, pero digan lo que digan aún pueden ir a peor. Siempre pueden, y ellos que son tan listos, parece que están todo el día en las nubes, y nos quieren consolar como si fuéramos tontos.

Lo del fondo lo oí yo hace más de un mes. Entonces tenía mi trabajo y estaba tan contenta, y también Lola y Fefa, aunque Fernando por lo que contó estaba ya en la calle. Menudo fondo era ése, falso como falsa moneda, doble como el de los coches del contrabando.

Aquí estoy yo después de que la crisis ha tocado fondo. Era mentira de las gordas, lo dijeron al buen tuntún, para dar esperanzas simplemente, como si eso fuera bueno. A mí me pareció raro, pero como tenía mi trabajo y pensaba que iba a tenerlo toda la vida, pues no le di más vueltas. Y a los pocos días, pues se acabó, y la revista cierra por la maldita crisis. Y ellos ni se lo olían.

Y ésa es otra, no puedo comprender cómo siendo tan ignorantes de lo que está pasando se las den de expertos en cosas tan complicadas. Yo por muchísimo menos estoy en la calle, y no por inútil, sino simplemente porque la crisis no había tocado fondo y a mí me pilló de camino, una injusticia que clama al cielo. Y ellos, gracias a la dichosa crisis, se ponen morados de hablar y de entrevistas y de artículos. Incapaces de resolver nada, bien lo veo. Es como un rayo del cielo, que lo único que cabe hacer es ponerse a buen resguardo para que no te fulmine.

Lo mejor que podrían hacer era hablar bien claro y decir: miren, señores y señoras, la cosa está fatal y no tenemos ni idea de lo que se puede hacer, así que paciencia y veremos cómo podemos aguantar esta malísima racha, que no hay mal que cien años dure. Y en eso tendrían toda la razón, porque en peores nos hemos visto y ni es la primera crisis ni será la última, y esas cosas las entendemos todos.

Y lo siguiente sería ponerse a resolver los casos más desesperados, como cuando se produce un terremoto. Esto de la crisis debe de ser algo parecido. Menos estado del bienestar y tantas paparruchas, que de bienestar nada. Pero una ayuda a los que más lo necesitan sería fundamental, como al cuñado de Rosi, por ejemplo, que es un parado de larguísima duración, como puedo serlo yo también. Aunque estamos todos condenados, algunos lo necesitan más que otros, y en eso hay tener sentido común. Ya no digo justicia, que eso feneció a principios de siglo y en este final no nos quedan ni los desperdicios.

Caridad, aunque sólo sea caridad, que es una palabra muy denostada pero que funciona en situaciones como ésta, de auténtica urgencia. Pues a ver de qué viven esos tres millones seiscientas ochenta y dos mil trescientas treinta personas, como lo leí ayer mismo, más sus familias. Unos son parados y solteros y otros casados con hijos o padres impedidos, desconocedores de que les iba a tocar la negra, y se prometieron un futuro tranquilo, trabajando y cobrando todos los meses, como el resto de los mortales.

Tal vez no sea muy político decir miren, vamos a hacer todo lo posible y algo de lo imposible y les vamos a ayudar como sea, pero peor es que te espeten eso de que tienes que ser el protagonista de tu propio destino, como si no lo supiéramos de sobra todos los parados, para nuestra desgracia, que ya podría ser de ellos, que tanto hablan.

Y mucho peor es ese consuelo tonto del fondo, pues siempre pienso que a lo mejor nos quedamos quietos, en el mismísimo fondo, donde no hay quien nos mueva. Es muy fácil pensar que la crisis es como una pelota, que cuando llega abajo rebota y vuelve a subir, así de sencillo. Y yo creo que eso no es posible, que nos engañan como a chinos, que se piensan que somos un hatajo de imbéciles. Y porque estemos en el paro no nos hemos vuelto tontos; bueno, al principio un poco sí pero luego volvemos a la normalidad y nos preguntamos acerca de las cosas y no nos tragamos todo lo que nos dicen.

Además, me parece estúpido que se alegren tanto de haber llegado al fondo, no sólo porque no lo hemos hecho, que el fondo de marras es profundísimo, sino porque nada garantiza que con eso se vayan a acabar las penas y los despidos, porque todos los días cierran alguna fábrica, no sólo las revistas, sino las fábricas de coches, y las minas, y las papeleras y tiendas. Una de la esquina de mi calle que puso el letrero se traspasa lo ha tenido que quitar de puro viejo, pues nadie la quería, y llevan meses vendiendo nada más que restos, da lástima la pobre, con cuatro faldas y dos jerseys en el escaparate. Es un local estupendo, y hace un par de años se lo hubieran arrancado de las manos.

No tienen ni idea, que nunca se han visto en una de éstas. Esta misma mañana he hablado con Garcés, que me he puesto a hacer llamadas muy temprano como una loca a ver si podía enterarme de algo. De trabajo, claro, la crisis no me interesa. Me ha dicho que nunca se sabe, que vaya a verle, que a lo mejor se nos ocurre algo juntos, pero que no me haga ilusiones, que no hay ni medio proyecto nuevo y que desde luego lo único que sale son cosas esporádicas, a plazo fijo, correcciones de estilo, chapuzas del tres al cuarto. A lo mejor me interesa, Santi, le he dicho, es preferible cualquier cosa a estar mano sobre mano. De aquí a hablar de la situación general no había más que un paso, está todo parado, ha insistido, como si hiciera falta recordármelo, y esto no hay quien lo arregle.

No se oyen más que las mismas frases en todas partes.

Luego he tenido que ir al SMAC, al acto de conciliación, que de conciliación ni hablar, pero hay que pasar por eso cuando te despiden, ya lo sabía yo. Y eso es lo que me ha pasado, no quería decirlo pero ya lo he soltado, por eso estoy como estoy, hecha una hiena.

De bote en bote, no cabía ni un alfiler. La sala aquella es algo siniestro, una especie de vestíbulo con un mostrador para las demandas y todo puertas que se abren de vez en cuando y llaman a los despedidos por su nombre y apellidos y también a las empresas. Yo he llegado puntualísima, como siempre, a la una menos cuarto estaba ya allí. Me he puesto unos pantalones corrientes de Benetton y una chaqueta a juego y zapatos cerrados de cordones, pues tampoco he de ir vestida de fiesta. Al poco ha llegado Sagrario, mucho más peripuesta que yo, hija, menuda mañana, vengo de acompañar a mi madre al médico que está con un asma imposible.

Casi sin tiempo para comentar más se ha presentado el abogado de la empresa, un tipo bastante estirado y con pinta de aburrido. Viene conmigo Mari Luz, la segunda de Luis Miguel, nos ha explicado, está aparcando el coche. Ha venido enseguida y aún hemos tenido que esperar un buen rato a que nos llamaran, y ha sido lo peor.

La sala aquella estaba atestada y parecía que salía humo hasta de las baldosas. Los letreros de «Prohibido Fumar» hacían un ridículo espantoso y las docenas de despedidos que se amontonaban ante las puertas estaban decididos a envenenar en una última y decisiva acción sus propios pulmones y los ajenos. Es lo que pasa con los desesperados, que son todos unos suicidas en potencia. Allí le hubiera querido ver yo a nuestro Felipe hablando de derribar barreras. Ante toda esa gente desencajada hubiera tenido que explicar bien clarito lo de los protagonistas y lo del destino, que se diría sacado de Calderón de la Barca.

Pero a lo mejor ni siquiera sabe que existe este vestíbulo tan grande y tan abarrotado, bien cerca de donde él vive. Ni siquiera Luis Miguel, con todo lo que se las da de echado para adelante, se ha atrevido a venir hoy.

Seguro que por no verme la cara de nuevo, y eso que yo no pensaba soltarle ninguna impertinencia, ni escupirle a la cara, que soy una señora. Si tengo que ir al SMAC como todos los parados a firmar unos papeles pues voy, espero tranquilamente, me ahumo como los demás, y luego, cuando me llamen, entro, que es lo que he hecho, aunque a esas alturas estaba ya con los ánimos por los suelos. Probablemente lo hacen adrede, eso de tenerte allí hacinado para comerte la moral y que cuando te llame el letrado de marras digas que sí a todo.

Yo lo he dicho, pero porque estaba ya pactado de antemano, que eso es lo que ocurre en todos los casos, primero se llega a un acuerdo y luego se concilian las dos partes en el SMAC. Por pura necesidad, porque ganas no me han faltado de contarle al letrado lo sinvergüenza que es José Antonio, que cuando iban bien las cosas no se le veía un detalle y ahora que van mal a la calle con todos. Pero me he callado. Imagino que estará hasta el gorro de barbaridades mayores que la nuestra, y allí nos hemos juntado los cuatro, como si fuéramos tan amigos.

Sí, de acuerdo en todo, ha dicho primero Sagrario y luego yo, y hemos firmado, qué remedio, no vamos a decir que no, que son unos canallas y que se metan el dinero donde les quepa. Lo hemos cogido y basta. Puro paripé, pero hemos salido las dos hechas unos zorros.

Y por eso estoy así. Las palabras aquellas me retumban como si fueran martillazos. Lo único que podemos pedir es un poco de discreción y de respeto.

24

EL DIARIO

Me voy a Zahara. No para siempre, pero sí por unas semanas. Y tal vez más. Lo he decidido esta mañana.

No puedo quedarme aquí dándole vueltas y más vueltas a mi desgracia. Además, tengo ya un objetivo, preparar y corregir este diario. Sí, este maldito cuaderno de papel reciclado de pronto se ha convertido en mi única tabla de salvación.

Nunca lo hubiera podido imaginar.

Pero así ha sido.

Los niños bien, que se van a quedar unos días con mis padres. En cuanto les den las vacaciones de Semana Santa ya les he dicho, os cogéis un tren y os voy a buscar a Cádiz, que aquí solos todas las fiestas ni hablar. Y ni replicar, lo cual sí que es curioso, pero desde que estoy en esto del paro se han vuelto como la seda, sobre todo Javi, si me lo juran no me lo creo. Pero lo estoy viendo con mis propios ojos.

Pienso que es por lo de la cara, que se me ha quedado descuageringada desde aquel lunes de marras. Y eso impresiona, claro que sí, me impresiona hasta a mí misma cuando me veo por las mañanas; todos los días cuando me miro al espejo me quedo anonadada, que todas las desgracias vienen juntas y yo hasta ahora había mantenido mal que bien el tipo y de pronto todas las carnes se me han caído, así de golpe, como si José Antonio también las hubiera mandado a hacer gárgaras.

Tenía que ser precisamente ahora, cuando ni un gasto extra, ni pensar en un *lifting*. Javi claro, también me mira, y no es que sea como mi espejo, pura impertinencia, pero a veces se queda con los ojos fijos mirándome asombrado, y estoy segura de que es por eso.

Porque por otra cosa no puede ser, pues debe de estar más que aburrido de contemplarme. Sobre todo ahora que estoy todo el día metida en casa. Es esto lo que no me deja vivir tranquila, quedarme en casa por obligación. Por obligación no, que podría darme vueltas a la manzana como una imbécil, que nadie me lo impide. O visitar todas las estaciones del metro. Pero es lo de no salir a trabajar, que eso de levantarme y luego no tener que irme pitando me está haciendo trizas.

Antes, bien me quejaba yo a todas horas de no parar un minuto en casa, de no poder disfrutarla tranquilamente, no tener ni tiempo de arreglar los armarios. Y ahora, de repente, los armarios me importan un pimiento, y si hay desorden que lo haya. Me voy a mi habitación y empiezo a mirar todas las paredes, no entiendo esta manía que me ha entrado por los muros de carga y los tabiques, a lo mejor me estoy volviendo loca y no me doy cuenta.

Allí empieza lo peor, porque las horas de la mañana transcurren muy despacio, y Sagrario empieza a machacarme por dentro, no hace más que repetirme si hacemos las llamadas, y yo que no, que no tengo a quién llamar, que no me da la gana que me digan lo siento, que voy a descansar una semana y después ya veremos, y en realidad es que no quiero, ni descansar, ni llamar, ni trabajar, ni nada de nada.

Así que me voy. En Zahara no me molestará ya ni Sagrario ni tendré que mentir a Rosi, ni Javi me mirará con sus ojos espantados. Y meteré mano a este diario.

Porque no lo he dicho aún, pero al parecer es lo único que he hecho de provecho en todo este mes de auténtico desperdicio.

¿Por qué no lo publicas?, se le ocurrió a la lista de Pepa la otra tarde. Ni le contesté, me pareció una broma de mal gusto, con lo desolada que estaba yo contándole todas mis desdichas. Una desconsiderada, eso es lo que es Pepa, buena amiga, dispuesta a volcarse siempre que haga falta, con lo de Jorge se portó de maravilla, con un sentido práctico a prueba de bomba, pero bruta como ella sola.

Por lo menos le sacas provecho al despido, mujer, me volvió a repetir anteayer por teléfono. Ha heredado de su madre un desparpajo fantástico, de esos que tan sólo quedan bien en las personas ricas.

Yo te lo arreglo todo, siguió imparable, conozco bien al director de una editorial que puede estar interesado. Es un tema de gran actualidad, remató como si estuviera hablando del último escándalo financiero.

¡De gran actualidad! Resulta que Pepa había decidido que mi despido era de una actualidad frenética, que mis desgracias eran la noticia del día, el terremoto de San Francisco, las inundaciones de Miami, la subida de la bolsa de Tokio, las declaraciones del presidente. Tema de titular en la portada: El canalla de José Antonio deja en la calle a Isabel tras comunicarle que lo siente mucho.

Definitivamente no era yo la que estaba loca sino Pepa, que una cosa es ser lanzada y otra muy diferente desbarrar como lo hacía ella.

Pero me equivoqué de cabo a rabo: el editor se mostró interesado y me llamó al día siguiente.

Pásate por aquí hoy mismo a última hora de la mañana, sí, hacia la una está bien. Y no te olvides de traer ese diario, que le echaré una ojeada.

Colgué temblando después de haberle dicho que sí a todo. ¡Mi cuaderno! Ahora resultaba que mi cuaderno iba a solucionarme el problema. Porque lo primero era preparar el libro, y luego las cosas ya vendrían solas, que así vienen todas, una después de otra, las malas y las buenas, como un rosario.

La que desbarraba ahora era yo. Un escalofrío me recorrió la espalda: eran las once y no tenía tiempo ni para empezar a arrancar páginas, para revisar lo escrito, para ponerme a tachar todo como una loca. ¡Cómo iba a enseñarle yo a un perfecto desconocido mis horrores y mis lágrimas!

¡Lo haría! Ante mi propio estupor, comprendí que lo haría y que me comería la vergüenza a bocados, pues al fin y al cabo qué demonios me importaba lo que pensara ese Nacho Romero sobre mí, ni un pimiento me importaba.

A la una en punto estaba yo en su oficina de la Castellana; me permití coger un taxi para esta ocasión, pues no se trataba de llegar tarde sólo por ahorrar unos duros.

Nacho resultó ser un tipo parlanchín y despachado. Sí, a Pepa la conozco sobre todo por Federico, una mujer estupenda y con una vista de lince para los negocios, menos mal que no se dedica a ninguno, que si se mete a editora nos deja a los demás en la calle, señaló con pésimo gusto, pues después de todo a lo que yo venía era a eso, a venderle las desgracias del paro. No parecía darse ni cuenta. Y si se daba, le importaba un comino.

Yo, a todas sus palabras, sonreía como una imbécil apretando mi diario.

A ver, vamos a ver tu obra, me arrancó literalmente el cuaderno de las manos. No, no es mi obra, traté de aclarar inútilmente, no sé que te habrá dicho Pepa, pero son meros apuntes, notas sueltas, barbaridades que se me han ido ocurriendo. No tienen mucha lógica, añadí a modo de estúpida disculpa, como si yo hubiera ido allí para dar explicaciones tontas.

No, yo estaba delante de ese deslenguado de Nacho para comerciar con mi vida, así como suena, y no para soltarle ñoñerías de monja. Nos puede valer, concluyó después de unos minutos eternos de manosear las páginas. Es un tema muy actual y ya habíamos pensado sacar un libro de este tipo. Tienes que arreglar una cuantas cosas, pero nos sirve.

Me fui aturdida, incapaz de poner en claro mis ideas. Un mes me había dado el tal Nacho para corregir y arreglar lo arreglable. Mi diario. Ahora resultaba que lo mío era un tema muy actual, así, con todas sus letras.

¡Y yo que pensaba que era una verdadera desgracia, una canallada, un espanto!

Pues no, de catástrofe nada, simplemente un tema, algo totalmente neutro, inofensivo, absurdamente trivial, el simple objeto de un libro de actualidad. Mientras bajaba la Castellana, la ira me iba reconcomiendo y decidí apaciguarme dentro de un taxi. Me pagarían por eso, por ser un tema actual, de modo que no podía quejarme, pues había más de tres millones de personas que también estaban de furibunda actualidad y nadie les daba un duro por ello. Así que encima yo estaba de suerte.

Había tenido la extravagante ocurrencia de escribir un diario, tenía una amiga con sentido práctico, buenas relaciones y olfato comercial, y para rematar la faena al editor en cuestión no le habían parecido mal mis disparatadas páginas.

Cuando llegué a casa seguía igual de aturdida pero menos furiosa. Tenía que sacar algún provecho de mi situación, me repetía una y otra vez las palabras de Pepa, y la oportunidad se me había presentado en bandeja de plata.

A Miguel, cuando se lo conté todo, ya por la tarde, la idea le pareció de perlas. Es fantástico, Isabel, un libro siempre es un libro, dijo con una brillantez insospechada, y eso te puede abrir muchas otras puertas.

Esta mañana lo he decidido todo. Me voy a Zahara a corregir el dichoso diario. Los niños vendrán a pasar las fiestas dentro de una semana. Miguel me ha prometido acercarse en cuanto solucione un par de problemas pendientes.

Yo salgo mañana mismo. Con mi cuaderno, que ya no es paño de lágrimas ni diván de psicoanalista. Es, como yo misma, un vulgar objeto de rabiosa actualidad. Y una inesperada forma de ganar dinero.

Madrid. Mayo 1994
Ana Puértolas

ÍNDICE

CUARTA SEMANA